宁青藏卷 | 江溶 主编
彭文新、刘亚虎等编著

宁青藏卷

图书在版编目(CIP)数据

山水中国·宁青藏卷/段宝林,江溶主编.—北京:北京大学出版社,2005.1
ISBN 978-7-301-08258-4

Ⅰ.山… Ⅱ.①段…②江… Ⅲ.①风景区-简介-宁夏②名胜古迹-简介-宁夏③风景区-简介-青海省④名胜古迹-简介-青海省⑤风景区-简介-西藏⑥名胜古迹-简介-西藏 Ⅳ.K928.70

中国版本图书馆 CIP 数据核字(2004)第 140795 号

书　　　名:	山水中国·宁青藏卷
著作责任者:	段宝林　江　溶　主编
责 任 编 辑:	艾　英
标 准 书 号:	ISBN 978-7-301-08258-4/G·1340
出 版 发 行:	北京大学出版社
地　　　址:	北京市海淀区中关村北京大学校内　100871
网　　　址:	http://www.pup.cn　电子信箱: zpup@pup.pku.edu.cn
电　　　话:	邮购部 62752015　发行部 62750672　出版部 62754962
	编辑部 62752022
排　版　者:	北京奇文云海文化传播有限公司
印　刷　者:	河北三河新世纪印务有限公司
经　销　者:	新华书店
	650mm×980mm　16 开本　17.25 印张　255 千字
	2005 年 1 月第 1 版　2007 年 1 月第 2 次印刷
定　　　价:	29.00 元

未经许可,不得以任何方式复制或抄袭本书之部分或全部内容。
版权所有,侵权必究
举报电话:010-62752024　电子邮箱:fd@pup.pku.edu.cn

丛书主编	段宝林 江溶
本卷主编	江溶
本卷撰稿	彭文新
	（银川之旅；西宁之旅）
	刘亚虎、孙素英
	（黄河、长江源之旅；拉萨之旅；山南之旅；后藏之旅；阿里之旅）
	朱琴芹
	（银川之旅：西复王陵、六盘山、凉天峡、沙湖、镇北堡）
	韩 舒
	（银川之旅：南关清真寺、固原古城；黄河、长江源之旅：昆仑山；后藏之旅：白居寺、扎什伦布寺）
本卷主摄影	罗哲文 李翔德 刘梓盈

《山水中国》总序

从中国山水到山水中国

□ 江溶

经过几载的劳作，《山水中国》与读者朋友见面了。

这套丛书有两个关键词：一是"山水故事"，一是"山水情怀"。

山山水水背后"故事"的丰富多彩，是中国山水的主要特色。由于悠久的文明与历史积累，长期的农耕生活陶冶，使得我国山水背后的"故事"特别多，亦即是说，人文景观特别丰富，历史文化的积淀特别深厚。

山水故事与旅游质量的关系极大。古人曾把山水审美分为"应目、会心、畅神"三个精神层次。应目，即指山水的形象、色彩、音响等形式美给感官以愉悦。会心，是说欣赏者与山水达到情景交融、物我相亲。畅神，是山水审美的最高境界，即是游心物外、物我两忘，在生命的本原上求得与宇宙生命的融合与超越。怎样达到畅神的审美境界呢？山水故事是重要的动力、媒介和思想库。当你面对奇山异水惊诧莫名或在残庙断碑前茫然寻思之时，一首古人的山水诗可能沟通你和景物间的"灵犀"，一个历史掌故可能为你打开厚重的历史帷幕，让你尽享发现的喜悦，让你"千古兴亡，百年悲欢，一时登览"……

正是为了帮助读者朋友在旅游中获得更多的精神财富，本丛书熔景观审美、掌故传说、山水诗文和风土人情于一炉，送大家一本

"山水故事大全"。

山水情怀,是我国先民在长期农耕社会中形成的一种特殊的文化心态。

这种情怀,表现于同自然山水的关系上,就是登山则情满于山,观海则情溢于海的"林泉之心"。即如王羲之,"游名山,观沧海,叹曰'我卒当以乐死'";如辛弃疾,"我见青山多妩媚,料青山见我应如是"……

这种情怀,表现于日常生活,就是情趣化、艺术化。《世说新语》载:"王子猷尝暂寄人空宅住,便令种竹。或问:'暂住何烦尔?'王啸咏良久,直指竹曰:'何可一日无此君!'"郑板桥"十笏茅斋,一方天井,修竹数竿,石笋数尺",贫寒之中收获精神的富足:"风中雨中有声,日中月中有影,诗中酒中有情,闲中闷中有伴"。居室之外,亦无处不是情思:雪后寻梅,霜前访菊;望秋云,神飞扬,临秋风,思浩荡;"谁与同座,明月、清风、我"……

这种情怀,表现于对人生和社会的态度,就是"不以物喜,不以己悲"的礼乐心境。即如范仲淹,"先天下之忧而忧,后天下之乐而乐";如杜甫,"安得广厦千万间,大庇天下寒士俱欢颜"……

数千年来,这种情怀,不仅使许多社会个体获得特别丰富的人生,也使中国秉有一种令世界羡慕的特别美丽的文化精神。

这种情怀,这种文化精神,在人被工具理性异化为生物标本、精神世界被分割为七零八落的文明碎片的现代社会,无疑有着特别的意义。本丛书定名"山水中国",就是意在呼唤这种情怀和这种精神的回归。我们希望它能成为新世纪国人文化寻根途中一片心灵的绿洲,一泓精神的清泉。

最后,我想说的是,本丛书能以现在这样的面目问世,是许多同道和朋友共同努力的结果。特别是为保护文化遗产踏遍青山的罗哲文先生和顾棣、李玉祥、吴荫南、李翔德等著名摄影家提供了大量文物古迹和山水艺术图片,为本丛书增添了浓郁的古典诗意;河北教育出版社邓志平、张子康二位同道提供了诸多现代山水名作,更为本丛书倡导的山水情怀作了最好的现代诠释。在此,我要向他们,同时也向所有为本丛书付出辛劳和关爱的朋友们致以衷心的谢忱。

二〇〇四年冬

于北京大学寒暑斋

[目录]

《山水中国》总序
卷首语

第一编　银川之旅

|银　川|
5　[塞上凤凰城]
6　[西夏故都]

|承天寺塔|
9　[浮图延永]

|海宝塔|
11　[古塔凌霄]

|西夏王陵|
13　[东方金字塔]

|南关清真寺|
18　[新月高悬　如诗如画]
　　回族溯源
　　伊斯兰教与清真寺
　　南关清真寺

|贺兰山|
23　["骏马"卫士　岩画辉煌]
　　避暑胜地小滚钟口
　　拜寺口双塔
　　多民族的画库

|武当山|
29　[塞北武当属佛门]

|青铜峡|
30　[青铜禹迹　奇特百塔]

|沙坡头|
34　[死亡与生命的交响]
　　沙漠绿洲两分明
　　沙坡鸣钟与泪泉
　　绿色长城

|同　心|
38　[西北小广州　古城塞外风]

|同心清真大寺|
39　[中国式的清真寺]

|须弥山石窟|
41　[小山名须弥　浩瀚大世界]

|六盘山|
44　["鹿攀"变"八盘"　泾河有龙王]

|凉天峡|
47　[一代天骄长眠处]

|固原古城|
49　[襟带西凉　咽喉灵武]

|沙　湖|
50　[塞上明珠]

|镇北堡|
51　[西部影城　中国一绝]

第二编　西宁之旅

|西　宁|
57　[西羌古城　唐蕃古道]
　　丝路南线青海道
　　通天河唐僧遇险
　　联姻通好开古道
　　一路弦歌今犹闻
62　[西宁八景　塞外风月]

|东关清真大寺|
65　[二教共处传佳话]

|玉带桥|
67　[桥畔访皇弟]

|湟中塔尔寺|
67 [圣地·艺苑·学府]
　　圣地自有佛护佑
　　黄教宗师宗喀巴
　　法会传佛音
　　塔尔寺艺术三绝
　　喇嘛教的高等学府

|瞿昙寺|
85 [宗教圣地花儿会]

|柳湾墓地|
87 [柳湾彩陶放异彩]

|五屯寺|
89 [五屯艺术的故乡]

|青海湖|
91 [青色的湖]
　　灿灿高原明珠
　　悠悠造湖传说
　　海心山觅龙驹
　　候鸟的世界
　　文成公主过"西海"

第三编　黄河、长江源之旅

|昆仑山|
103 [神宫仙苑　三江之源]
　　琼华瑶台西王母
　　三江源头母亲河

|黄河源|
106 [天边何处是河源]

|扎陵湖．鄂陵湖|
111 [白蓝宝石金链牵]

|阿尼玛卿山|
113 [圣山神族]

|黄河第一曲|
118 [千里一曲]

|循化文都|
123 [班禅大师的家乡]

|长江源|
125 [不竭的固体水库]

|通天河|
129 [神牛喷水成天河]

|隆宝滩|
129 [黑颈鹤之乡]

|格尔木|
131 [戈壁新城]

第四编　拉萨之旅

|拉　萨|
137 [雪域圣地　日光之城]
144 [佳节盛会　歌舞海洋]
　　雪顿节
　　望果节

|大小昭寺|
148 [二昭同竣工　唐蕃结良缘]
　　汉藏合璧
　　白羊驮土
　　神仙恋情
　　唐柳盟碑
　　两像对调

|布达拉宫|
156 [相等帝释美妙宫　普照世间光明中]
162 [红宫供灵塔　白宫行大典]
　　曲吉竹普与松赞干布
　　六世达赖无灵塔
　　十三世达赖灵塔美
　　金瓶掣签认灵童
　　白宫壁画耐寻味

|龙王潭|
178 [潭水倒映八角亭]

|黄教三大寺|
179 [受乐·丰足·野玫瑰]
　　手帕选址的甘丹寺
　　达赖的母寺哲蚌寺
　　玫瑰丛中的色拉寺

|止贡帖寺|
184 [白教古寺天葬台]

|甲玛|
189 ["百沟之母"出藏王]

|加嘎铁索桥|
190 [募捐修铁桥 义演创藏戏]

|德忠神女峰|
191 [冰清玉洁雪山情]

|羊八井|
192 [热泉神女泪]

|纳木错|
192 [世界上最高的大湖]

|卡若文化遗址|
196 [高原原始文化的遗韵]

第五编 山南之旅

|泽当古岩洞|
201 [菩萨授天意 猕猴变先民]

|雍布拉康|
203 [天神之子的宫室]

|昌珠寺|
205 [鹏啄怪龙 寺压女魔]

|颇章区|
205 [唐蕃"舅甥情谊"深]

|藏王墓|
207 [从登天之绳到赞普墓地]

|桑耶寺|
209 [西藏千寺之祖]

第六编 后藏之旅

|扎什伦布寺|
215 [达赖建寺 班禅驻锡]

218 [大师圆寂 灵童转世]
大师圆寂静悄悄
寻访灵童路迢迢
金瓶掣签遵仪轨

|夏鲁寺|
228 [手杖选址 嫩叶为名]

|羊卓雍湖|
229 [高原碧玉]

|珠穆朗玛峰|
231 [圣洁女神]

|南北萨迦寺|
236 ["第二敦煌"]

|白居寺|
242 [奇塔高耸兆瑞祥]

|宗山炮台|
243 [巍巍炮台抗英歌]

第七编 阿里之旅

|古格王国遗址|
249 [吐蕃后裔留遗迹]

|托林寺|
256 [国王舍己请大师]

|象泉河|
257 [英雄格萨尔的踪迹]
象泉河畔马蹄印
白玛草塘放马场
羌雄沟里拴日柱

|冈仁波齐峰|
260 [神山圣宫 斗士比武]

|瑶池圣水|
263 [峰湖之恋]

[卷首语]

游宁青藏，我们现在要开始的旅程将非同寻常——

在宁夏，青铜峡谜一般的一百零八塔和须弥山比云岗大佛、龙门卢舍那还高大的露天释迦坐佛，将像磁石一样吸引我们……

在青海，"世界第二佛陀"宗喀巴大师的故里和有"世界第一庄严"之誉的塔尔寺大金瓦殿，将让我们久久地驻足凝思……

在世界屋脊西藏，迎接我们的将是一个信仰的"天堂"：那离蓝天最近、与太阳最亲的布达拉宫、大昭寺，那银装素裹的圣洁女神珠穆朗玛峰和神山冈仁波齐峰、念青唐古拉山，那流淌着无数美丽神话的天湖纳木错和羊卓雍湖、玛旁雍湖，无处不是藏族同胞心灵的栖息地；那寺庙里永远不灭的酥油灯，那信众手中旋转不停的转经筒，那朝圣路上越来越高的玛尼堆，那山风里呼呼作响的彩旗经幡，无时不在进行着人与神的对话……

因此，我们进行的将是藻雪精神的朝圣之旅，净化心灵的信仰之旅。

进行这样的旅程，应该有圣徒千里磕长头的虔诚，在一百零八塔扔掉人生的108种烦恼，换得心胸的无遮无障；应该有文成公主在日月山舍弃可回望长安的日月镜的决断，告别世俗的贪嗔爱痴。

这样，就不会辜负这次与宁青藏的缘分，就能获得最多的阳光、最大的抚慰和最高的启示！

第一编 银川之旅

银　川

[塞上凤凰城]

　　银川是我国最大的回族聚居区宁夏回族自治区的首府，位于黄河冲积而成的河套平原上，自古农业发达，物阜民丰，素有"塞上明珠"之称。因传说银川为凤凰所变，故又有"凤凰城"的美名。相传很久以前，长江以南住着凤凰七姐妹，哪里有凤凰，哪里就有幸福，所以江南山青水秀，百姓富裕。那时宁夏山川地薄人穷，南来北往的大雁把宁夏百姓盼望凤凰的心意转告凤凰七姐妹，最小的七妹飞往宁夏，开渠引水，带来了江南风光，后来人们就把宁夏叫"塞上江南"。当时宁夏西边有个异族部落，杀进银川。凤凰就变成一座城，把宁夏百姓装在城里，阻止了异族的入侵。据说，银川东门外高台寺是凤凰的头；高台寺旁有两眼井，是凤凰的眼睛；城中心的鼓楼是凤凰的心脏；西塔和北塔是凤凰的两只爪子；西马营里花草芬芳，树木成荫，是凤凰的尾巴。

　　银川历史悠久。早在春秋时，朐衍戎、匈奴等游牧民族就在此放牧生息。汉代在这一带设朔方郡，多次移民固边。汉成帝时，在今银川市东郊筑北典农城，俗称饮汗城。三国、两晋两百多年间，复

苍茫的西部山川

为羌、匈奴、鲜卑等游牧民族占据。至北魏，复兴农事，遂又成为富庶之地。唐高宗仪凤三年（678）将饮汗城迁至唐徕渠东侧，即今银川旧城，银川建城自此始。唐时，该城大兴水利，农业发达，粮草充足，成为重要的边塞重地。隋代始称的"塞北江南"更加名副其实，闻名遐迩。宋初，这里是西夏政权的都城兴庆府所在地。元初设宁夏府城，隶属甘肃行中书省，始有宁夏之名。宁夏，即平定西夏，使之安定之意。银川之名是1947年才出现的，据说是因盐碱泛白的平川而得名。

[西夏故都]

　　银川为宋初大夏国都城兴庆府故地。1038年至1227年，古羌族的一支——党项族建立了一个与宋、辽（金）三足鼎立的"大夏"封建王朝，又称"大白上国"、"白上大夏国"。因地处西北，其都城兴庆府位于黄河以西，故历史上称为"西夏"。党项族原居住在今西藏、青海、四川等省区的交界地区，隋末唐初开始兴盛起来，诸姓氏中以拓跋氏最为强盛。唐太宗时，赐拓跋部首领拓跋赤辞姓"李"。五代十国时期，拓跋部趁战乱扩大地盘，壮大力量。1038年，李元昊

银川南薰门

正式称帝,国号大夏,定都兴庆府。西夏鼎盛时,东至陕甘,西至玉门关,北达大漠戈壁,南抵积石山。

兴庆府故址周长18余里,主体建筑是"元昊宫",宫观殿宇、亭榭台池逶迤数里。皇城四周,东有高台寺,南有元昊称帝时承天受册的神坛,西沿贺兰山有避暑宫、离宫、佛祖院、陵园。今尚存有"东方金字塔"之誉、位于贺兰山东麓的西夏帝王陵墓群及南薰门、海宝塔、承天寺塔等遗物。另有玉皇阁、钟鼓楼等名胜和古迹。

现银川南门楼原为西夏国都兴庆府的南薰门。"南薰",意为南来煦风,滋养万物。始建于宋景德年间,明清时数次重修。该楼坐北朝南,门楼高27.5米,台基高7米。歇山顶重檐二层楼阁巍峨壮观,气势不凡。古时登楼,四时均有美景养眼,而以秋景最佳,有"南楼秋色"之说。南薰门造型颇似北京天安门,并且楼前亦有宽阔广场和东西两侧紫色观礼台,故又有"小天安门"之称。

玉皇阁在市内解放东街北侧,始建于明代,因内置铜铸玉帝像而得名。

钟鼓楼与玉皇阁遥相呼应,为市内又一高大的楼阁式建筑。该

银川玉皇阁

楼始建于清道光元年（1821），清光绪年间重建。门洞四面门额均有石刻题字，东为"迎恩"，南为"来薰"，西为"挹爽"，北为"拱极"。这座楼还是一座具有纪念意义的建筑物。1924年，宁夏第一个党组织"中共宁夏特别支部"的办公地址就设在这里。现楼上设有党史陈列室。

|承天寺塔|

[浮图延永]

承天寺塔位于银川市老城区西南隅承天寺内，俗称西塔，是我国目前惟一有修建年代记载的西夏古塔。始建于西夏天祐垂圣元年（1050），现今所见塔身已几毁几修，当初的形制难以推测。该塔是一座平面八角形的楼阁式砖塔，塔身11层，连塔尖通高64.5米，在老城街头的每个角落，都可看到它的雄姿。塔院现为宁夏博物馆所在地。

承天寺塔始建于西夏天祐垂圣元年（1050），是西夏皇帝谅祚之母没藏氏求佛保佑其子龙运长久而建的。"承天"，即秉承天意。没藏氏本是元昊野利皇后之兄野利遇乞的妻子，野利遇乞兄弟被元昊借故杀害后，没藏氏被接入宫中，元昊见其美貌，便与其私通，生下谅祚。国相没藏讹庞借夺妻之仇挑唆太子宁令哥刺死元昊，又以弑君罪杀死宁令哥，立年仅周岁的谅祚为帝。西夏立国不长，皇室就自相残杀，怎能不叫幼皇帝谅祚之母担忧呢？曾被野利皇后逼迫为尼的没藏氏便寄希望于佛祖，永保儿子的皇运。据嘉靖《宁夏新志》记载：皇太后没藏氏"承天顾命，册制临轩"，因"今上皇帝，幼登宸极"，为保儿子"圣寿以无疆"、"宗祧而延永"，而"大崇精舍，中立浮图"，建成承天寺和塔。西夏承天寺规模宏大，香火鼎盛，常有"东土名流"、"西天达士"往来。与凉州（武威）护国寺、甘州（张掖）卧佛寺，并称西夏三大佛教胜地。

相传该塔当年曾有"倒影"奇观：早先塔尖有一避雷反光的宝珠，当朝阳照射到塔身时，长长的塔影不是朝后，而是朝前，迎着

太阳的方向；而日落之时，塔上的宝珠则愈加光芒四射。这一塞外奇观，引得远近人们争相前来观看。有一只千年大黑蜘蛛也从远方赶来观看，可它一见到宝珠发出的光芒就浑身发软，眼都睁不开。它听香客们说，谁能得到宝珠，不仅不怕雷击电劈，还会长生不老。一天夜里，看塔的和尚忘了锁塔门，黑蜘蛛趁机溜进塔内，爬上塔顶，一口吞下宝珠。从此以后，西塔再也没有了以往的光辉，倒影奇观也从此消失了。

海宝塔

[古塔凌霄]

海宝塔又名赫宝塔、黑宝塔，因位于银川市北郊，俗称北塔。它与承天寺塔遥遥相对，使塞上古城更加雄伟壮观。据明万历《朔方新志》：(黑宝塔)"赫连勃勃重修"。赫宝、黑宝、海宝三个名称音近，很可能是由"赫连勃勃"讹传而来的。赫连勃勃为十六国时期夏的建立者，曾据有今宁夏之地。他曾是大力倡佛的后秦统治者姚兴的部属，此塔有可能被他重修过。

海宝塔始建年代不详。明清两代志书言其"盖汉、晋间物"。当地民间传说，以前银川北面有一个臭气冲天的烂碱湖，里面住着一条独眼龙。它闭眼打盹的时候，人们还能过一点安宁日子，等它一打呵欠伸懒腰时，就会臭水翻滚，雷声阵阵，逼得人们四处逃荒。有一年，这恶龙又伸腰打呵欠，还翻开了身子。正当大难快要降临时，突然一道红光闪过，待红光散尽后，人们发现一座宝塔压在恶龙的眼上——这就是海宝塔。此后，恶龙再也没有折腾过。

海宝塔属于仿楼阁式砖塔，连同塔基共11层。塔的四角和出轩部分的顶角，向上延伸成12条棱线，束向塔顶的方型刹座；刹座上是一个用绿色琉璃砖砌成的形体庞大的桃型四角攒尖刹顶，虽无相轮、华盖、宝珠之类的装饰，却甚为壮观。塔的平面成方形，外形棱角分明，层次丰富，为我国佛塔中所仅见。

海宝塔挺拔俊俏，明清时期，被列为宁夏八景之一，称"古塔

凌霄"。登上塔顶，极目远眺，塞上江南美景尽收眼底。

西夏王陵

[东方金字塔]

坐落在银川市西郊、贺兰山东麓的西夏王陵，被誉为"东方金字塔"。西夏历代帝王除末主为元人房获外，其余均葬在这里。随地势错落起伏，排列着九座帝王陵墓和一百四十多座陪葬墓，其分布范围南北长10公里，东西宽5公里，构成一个完整的陵区建筑群体。九座帝陵主人究竟是谁，学术界有两种说法。一说是：①景宗元昊裕陵，②毅宗谅祚嘉陵，③惠宗秉常泰陵，④崇宗乾顺献陵，⑤仁宗仁孝寿陵，⑥桓宗纯祐庄陵，⑦襄宗安全康陵，⑧神宗遵顼显陵，⑨献宗德旺康陵。另一说是：①太祖继迁裕陵，②太宗德明嘉陵，③景宗元昊泰陵，④惠宗秉常献陵，⑤仁宗仁孝寿陵，⑥桓宗纯祐庄陵，⑦毅宗谅祚安陵，⑧崇宗乾顺显陵，⑨襄宗安全康陵。（按考古工作者编号）

陪葬墓分布在各帝陵的周围。每座帝陵，都各自成为一个单独的完整建筑群，其规模与北京的明代"十三陵"相当。陵园地面建筑均由角楼、门阙、碑亭、外廓、内城、献殿、塔状灵台、神墙等

西夏残碑

西夏王陵

组成，角楼置于四角，标志陵园界至。陵园建筑仿效唐宋帝陵的一些建筑格局，又有西夏独有的特点。

在2000年9月开始对3号陵进行清理发掘后，人们发现西夏的陵园形制并非从前专家们一贯认为的其陵塔为实心夯土台、八角锥形，而是圆形塔基，直径约34米。塔基上面为八角形的实心楼阁式密檐塔，塔高为五或七层（待测量），陵塔的建筑材料为夯土和砖木混合构砌。专家认为，这次发掘出土的铜铃，应是悬挂在陵塔角端的装饰物。

在发掘中，陆续出土了一批文物，有大量的瓦当、砖瓦、滴水、龙头脊兽，有金饰、鎏金银饰、竹雕、铜甲片、雕龙栏柱、石螭首等。其中，一件绿色的琉璃鸱吻高达1.52米，由张口的兽头和卷曲的鱼尾分段构成，这是用于屋顶正脊两端的饰物，从其尺寸可一窥陵园未毁时的宏伟壮丽。鎏金铜牛，也是西夏王朝一件标志性的工艺品，从造型到铸造工艺，都具有极高的水平。特别值得一提的是在西夏王陵中还发现了一尊造型完整的人面鸟身像，经考古专家认定，这正是《阿弥陀佛经》中记载的迦陵频伽即"妙音鸟"，是佛教所称极乐世界之鸟，通常作为佛教建筑上的饰物。这是西夏考古史上的首次发现，可以印证西夏尊崇佛教的习尚。

在九座王陵中，3号陵园是占地最大、保存最完好的一座，考古专家认定这是西夏开国皇帝李元昊的陵墓。各王陵坐北朝南，呈纵长方形，墓区的中轴线是墓道与献殿正对并连接在一起，这在全国是首次发现，也是西夏王陵所独有的特点。帝陵墓室在墓道北端，有主室和左右耳室各一，为土洞式结构，内置棺木，实行土葬。据考古专家蒋忠义先生推测，这种墓园布局，可能是西夏人将帝王灵柩运到后，先置放在献殿上，而后才由献殿后面的北侧门经过墓道运入墓室，很可能反映了西夏人的信仰观念和鬼神崇拜。

西夏王陵的发现、发掘揭开了已消失700多年的西夏王朝的神秘面纱，填补了西夏史料的一段空白。西夏王陵是中国现存的规模最大、地面遗迹保存最完整的帝王陵园之一，可与北京的明十三陵、河南巩县宋陵齐名。它包括9座王陵和250多座官僚勋戚的陪葬墓，目前只发掘了一座帝王陵和4座陪葬墓。随着发掘的深入，必会有

西夏王陵女奴碑座

西夏王陵出土琉璃鸱吻

西夏陵区陪葬墓出土鎏金铜牛

更多的文物出土,向人们展示西夏王朝的更多秘密。目前,西夏王陵区已开辟了旅游接待区,并在陵区东侧修建了西夏博物馆,设了9个展厅,展示西夏历史文物和对西夏的研究成果,有600多件精选的西夏文物和18幅西夏壁画,较全面地展示了西夏的历史文化遗存。

南关清真寺

[新月高悬　如诗如画]

宁夏是我国回族人口最集中的地区。回族全民信仰伊斯兰教,宁夏有清真寺两千多座。银川南关清真寺是规模最大、最具代表性的清真寺之一。

回族溯源

回族是中国少数民族中分布最广的民族,其居住特点是大分散、小聚集,主要分布在西北地区以及河南、河北、山东、云南、安徽、

辽宁、北京等省市。宁夏为回族最集中的地区，1958年这里成立了宁夏回族自治区。

　　回族是回回民族的简称。回族的形成可上溯至唐代。唐高宗永徽年间，伊斯兰教正式传入中国，大批阿拉伯和波斯商人陆续来华，在广州、泉州、杭州及长安等地定居。他们在居住地修建礼拜寺，娶妻生子，世代定居。至元代这部分人被称为回回蕃客和南蕃回回，成为回回人的一部分。"回回"之称最早出现在北宋沈括《梦溪笔谈》，主要指葱岭东、西处于喀喇（哈拉）汗统治下的回纥（回鹘）人。回回与回纥、回鹘音近，是后者的音转或俗写。13世纪初叶蒙古西征，大批中亚各族以及波斯人、阿拉伯人随蒙古军队东迁，散布在西北、中原及江南、云南等地，被称为回回人，是回族的主要部分。宁夏回族的来源除了随蒙古军队东来的回回人外，可能还包括部分蒙古人。据《多桑蒙古史》记载，蒙古亲王阿难答镇守唐兀（辖境包括今宁夏大部和陕、甘部分地区）时，劝导他的将士信奉伊斯兰教。阿难答是忽必烈之孙，从小由一个回回人抚养成人，笃信伊斯兰教。经他大力推行，他统帅的15万军队大多数皈依伊斯兰教。他们中的一部分人，可能就是西北回族的重要来源之一。

伊斯兰教与清真寺

　　回族全民信仰伊斯兰教，他们的风俗习惯、日常生活等各个方面都深受伊斯兰教的影响。伊斯兰教是7世纪穆罕默德在阿拉伯半岛所创立的一神教，与基督教、佛教并称世界三大宗教。伊斯兰意为"顺从"、"皈依"，其信仰者称为穆斯林，即信仰安拉、服从先知的人。伊斯兰教最基本的经典是《古兰经》。其教义是：信仰安拉是惟一的神，穆罕默德是安拉的使者；信仰《古兰经》是安拉启示的经典；信仰世间一切事物都是安拉的"前定"，信仰"死后复生"、"末日审判"等。主要分为逊尼和什叶两大教派。7世纪中叶传入中国。现在我国有回、维吾尔、哈萨克、乌孜别克、塔吉克、塔塔尔、柯尔克孜、撒拉、东乡、保安等十个民族信仰伊斯兰教。

　　清真寺是伊斯兰教的宗教活动场所。相传我国最早的清真寺建于唐朝。到了元朝，随着回回民族的发展和伊斯兰教的传播，清真寺相继出现，但当时还没有固定的名称。元末明初，因称伊斯兰教为"清真教"，寺院才被称为"清真寺"。清真寺还曾被称为"礼拜寺"、"礼拜堂"、"回教堂"。清真寺既是穆斯林进行宗教活动的场所，又是穆斯林政治、经济、文化活动的中心。平时，穆斯林到清真寺沐浴、礼拜，参加宗教活动；每逢主麻日、会礼日，清真寺就成了伊麻目讲经宣教的讲坛。清真寺还同时负有传播宗教知识和学问的使命。穆斯林群众的丧葬仪式也常在清真寺内举行。我国清真寺的建筑风格形式多样，丰富多彩。大多数是中国宫殿式古典建筑，也

银川南关清真寺（近景）

银川南关清真寺（远景）

有纯粹阿拉伯式，或带有浓厚阿拉伯建筑艺术色彩。宁夏二千多座清真寺中，比较著名的除银川南关清真寺外，还有永宁纳家户清真寺、同心清真大寺、固原三营清真大寺以及西吉北大寺等。

南关清真寺

位于市南关的南关清真寺，明初始建于南门外，1915年迁至现址，经扩建而成此规模。

南关清真寺典雅庄重，具有浓郁的阿拉伯风格。寺殿绿色穹顶浑厚饱满，居中的大穹顶直径达9.5米，顶端高悬月灯，宛如初升的新月。四角配有四个小穹顶，相互呼应，十分协调和谐，富有音乐感和诗意美。据说，这大穹顶象征伊斯兰教的先知穆罕默德，而四个小穹顶则分别象征伊斯兰教的四大导师（伊玛目）：哈乃非、马立棵、沙飞仪和罕伯里。

南关清真寺的主体建筑气势宏大，高达20米，分上下两层。上层有礼拜大殿，长宽各21米，可容纳千余人同时作礼拜。该寺一直是银川回民信众作礼拜的重要场所，近年更成为许多国家的穆斯林、学者专家来访和国内外游客参观游览的著名景观。

贺兰山

太阴为峰雪为瀑
万里西来一方玉
使君坐对兰山图
不数江南众山绿
——[元]贡师泰
《杨德章监宪贺兰山图》

贺兰山

["骏马"卫士　岩画辉煌]

站在银川平原向西遥望，那映入眼中巍峨峻峭的山峰就是贺兰山。贺兰山南北长200多公里，远看宛如骏马，蒙古语谓骏马为"贺兰"，故名。贺兰山的北部、西部、南部均为茫茫戈壁、沙漠，东部是宁夏平原，它在浩瀚黄沙中拔地而起，成为宁夏鱼米之乡的一道天然屏障。

贺兰山景秀山奇，物产丰富。一位生平不详的文人润光有一首《游贺兰山绝句》道："一路草香都是药，千林万树尽生苔。浮云似水流将去，怪石如人立起来。"曾任礼部尚书的元代文学家贡师泰有一首《杨德章监宪贺兰山图》的短篇佳作咏贺兰山风光："太阴刂峰雪为瀑，万里西来一方玉。使君坐对兰山图，不数江南众山绿。"贺兰山有37处山口，以东麓小滚钟口最为著名，口内笔架山为贺兰石产地。诸口无不建寺，大小达百余所。

贺兰山由于地理位置的特殊性，历来都是刀光剑影的古战场。唐代诗人王维有诗写道："贺兰山下阵如云，羽檄交驰日夕闻。"以"阵如云"、"羽檄交驰"形象地描绘了激烈的战争场面。

避暑胜地小滚钟口

小滚钟口俗称小口子，三面环山，宛如一个大钟口，山口中有座孤耸的小山峰，远望如一口大钟中间的铃锤，因此而得名。这里气候凉爽，早在西夏时期，就建有帝王避暑行宫。

小滚钟口树奇石怪，层峦叠嶂，庙宇亭阁相望。《重修贺兰山小口子》碑记中写道："贺兰山，可驰入者，凡八十余口，惟小滚钟口钟其神秀。山环泉抱，境界幽深……"笔架山、樱桃沟、青羊跳涧堪称自然奇观；老君堂、关帝庙、贺兰庙、清真寺、大悲阁、钟铃亭等寺庙亭阁，更增山色之美。位于小口子内右前的笔架峰，由三座凌空峭立的小山峰组成，宛如放置毛笔的笔架，故名。山下出产著名的可作砚台的贺兰石，所以又叫"砚台笔架山"。清人赵熊飞《大悲阁望笔架峰》咏道："仰观笔架峰，三峰插寥廓。何年巨灵辟，疑

小滚钟口古戏楼

是鬼斧削。"笔架山堪称大自然鬼斧神工的杰作。乾隆《宁夏府志》"地理山川"篇载:"笔架山在贺兰山小滚钟口,……下出紫石可为砚,俗呼贺兰端。"贺兰石质地细密,紫绿相映,制成的砚台具有发墨、存墨、护毫、耐用的优点。清末就有"一端二歙三贺兰石"之说。"端"指广东高要县端溪出产的端石;"歙"指江西婺源歙溪的婺源石。

拜寺口双塔

拜寺口双塔位于贺兰山拜寺口内,两塔东西距100余米相对而立。两塔均为砖塔,是宁夏境内惟一的密檐式砖塔。东塔外形为八角形,高约45米,13层。每层塔檐下都有两个砖雕兽头,怒目而视,十分威猛。西塔外形与东塔相似,高14层,第二层以上各层塔身檐下每面正中砌有一浅龛,龛内塑一佛像,每座佛像姿态各异。龛的左右两侧,饰有口含串珠的兽头,神龛左右上角塔身每面的砖折处,又各雕有佛像一尊。如此众多的佛像和含珠兽头,使塔显得庄严而神秘。

相传双塔是为纪念释迦牟尼和多宝如来佛而建。在双塔西面的山坡平地上,有佛寺遗迹。据考证,这里是西夏贺兰山佛祖院遗址。

拜寺口双塔

多民族的画库

贺兰山岩画早在郦道元《水经注》上就有记载，只是近些年来才大量发现，并引起人们的广泛注意。岩画主要分布在黑石峁、西峰沟、树林沟、贺兰口、苏峪口、口子门沟、汝箕沟、龟头沟等地的崖壁和岩石上，数量达上千件。其中以贺兰口最为集中，共有岩画三百多幅。

贺兰山岩画主要用石器、铁器、兽骨等工具凿刻或磨制而成，据内容来判断，制作年代在春秋战国至西夏、元、明之际。自古以来贺兰山一带，先后有匈奴、鲜卑、羌、柔然、突厥、党项、吐蕃、蒙古等民族在这里游牧、狩猎，贺兰山岩画是在这里生活过的诸多古代民族前后相继、共同完成的辉煌画库。

贺兰山岩画内容丰富，最多的是类人头像，动物图像有虎、豹、狼、狗、鹿、马、牛、羊、骆驼等，还有舞蹈、放牧、狩猎等表现

贺兰山岩画
(1)

(2)

(3)

(4)
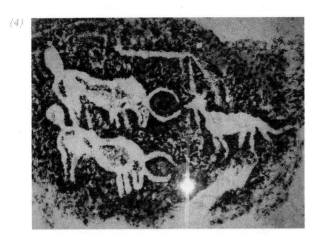

(5)

(6)

(7)

(8)

(9)

古代游牧民族生活的图像。贺兰山岩画有一个其他岩画少见的特点，即人面形中有似一个站立人的轮廓，双臂弯曲，两腿叉开，腰佩长刀，表现了以化身图腾的巫觋为中心的造型形象。在贺兰山口还发现西夏文题记和零星西夏文字，是研究西夏历史文化的珍贵资料。

|武当山|

[塞北武当属佛门]

提起武当山，人们便会想到大名鼎鼎的湖北均县道教胜地武当山，宁夏石嘴山市大武口区这座武当山，其规模难与湖北武当相比，且与道教毫无关系，却是西北边地一处香火旺盛的佛教重地。大武口武当山属贺兰山支脉，山上有座寿佛寺。这里每年举办四次庙会，以农历九月九日重阳节规模最大。届时，附近蒙汉族善男信女云集于此，朝山拜佛。

寿佛寺又称北寺，因山名武当，俗称武当庙。据《平罗纪略·武当山配殿落成碑记》载："邑有武当者，连亘贺兰山，因祝元武之像而名之也。香火之盛，历年久矣。至乾隆四十年，山口石壁，忽现佛像三尊。前禅师省仁因于元武殿之后凿石拓土，募建大殿五楹，供像于其中，疾病苦危，有求必应。"这段记载表明，与道教相关的武当庙在乾隆年间已演变成佛教寺院。

武当庙为什么建在此地，还有一段神奇的传说：清康熙廿八年（1689），有一队驻守此地的巡边兵卒，每当夜行山麓时，总听到有"背上我"的喊声，可就是不见人影。一天夜里，又听到喊声，有个胆大的兵卒说："那你就上来吧。"刚一应允，顿觉背上有人，便背着往前走。那兵卒问背上人姓甚名谁，住在何处，背上人一声不吭。兵卒生气地说："你不言语，是石头人呀！"话音未落，背上的人真像块石头似的扑通落到地上。众人点火把一看，原来是尊无量寿石佛。他们赶忙将石像搬进旁边的一个山洞中，也没敢对任何人讲。到了康熙四十二年（1703），驻守平罗的官兵来贺兰山围猎，见祥云笼罩群峰，还听到兵器碰撞、战马嘶鸣的声音，感到非常奇怪，就在祥云出没处寻找，在山洞中发现了这尊佛像，携带而归。到了今天建寺院的地方，石像重得怎么也抬不动了。消息惊动了周围的人，有位居士认为神佛的旨意是在此建庙，且此处土地平阔，也正适宜，于是便动工兴建了一座寺庙。清乾隆年间曾大规模扩建寺院。道光年间，仿银川海宝塔增修"多宝塔"。1982年又重新整修，基本恢复原寺的规模。

|青铜峡|

[青铜禹迹　奇特百塔]

　　青铜峡位于黄河横穿牛首山处，峡两岸山峰壁立，峡深谷窄，水流湍急。水急峡窄，水流不畅，自古以来，这里常发生水患。1958年在这里动工修建了青铜峡水利枢纽工程，一座长达666.5米的高大雄伟的大坝将黄河拦腰切断。在大坝以上的库区内有一处由泥沙淤积而成的鸟岛，岛上的鸟类达七十多种、一百万只，成为我国西北地区除青海湖鸟岛之外的第二大鸟岛。

　　青铜峡的历史和大禹紧紧联在一起。传说古时候，黄河流到宁夏青铜峡一带，被一座高山挡住去路，宁夏平原洪水泛滥成灾。大禹来到这里治水，与百姓一起凿开一道豁口，可是因山下深潭中的蛟龙作怪，只过了一夜，豁口就合了起来。正在大禹无计可施时，天空中云头出现一位骑黄牛的白须老人，对大禹说："取回五岳顶峰的宝石，炼上三千六百五十天，铸成一把青铜巨斧，定可劈山斩蛟龙。这头黄牛会帮助你。"大禹在黄牛的帮助下，取回五岳宝石，筑炉熔铸。巨斧铸成，黄牛跳进水中与恶龙搏斗，将恶龙引出水面，青铜巨斧顿时飞砍过去，将恶龙拦腰斩断。高山随之裂开一道峡口，洪水顺流而下。因为峡口是用青铜斧劈开的，就叫"青铜峡"。人们在山上修了一座"金牛寺"以纪念黄牛之功，此山因而叫"牛首山"。在青铜峡谷北山脚下，有个名叫"禹王窑"的石洞，相传是大禹治水时住过的地方。石洞外有一座禹王庙。

　　青铜峡还有一处奇特的人文景观——坐落在黄河西岸陡峭山坡

黄河边上的水车

上的一百零八塔。它是我国古塔建筑中惟一总体布局为三角型的大型塔群。

一百零八塔朝东面向黄河，依山势从上到下，群塔按一、三、三、五、五、七、九、十一、十三、十五、十七、十九的数量排列成十二行，因塔数为一百零八座而得名。最上边的单塔高3.5米，塔基呈方形，八角束腰须弥座，塔身为覆钵式，塔顶为宝珠式。其余各列塔较小，高2.5米，均为单层八角须弥座，宝珠式塔顶。塔体形制各列有所差别，二至四层塔身为八角鼓腹尖锥状，五、六层塔身呈葫芦状，七至十二层塔身呈宝瓶状。群塔均为实心喇嘛塔，塔外表涂白灰。塔为正中立一竖木，内填土坯外砌以砖而成。始建年代无考，明中期一些志书已称其为古塔。

关于一百零八塔的由来，说法不一。当地百姓把一百零八塔叫做"穆桂英点将台"，相传当年穆桂英率领一百单八将在这里布阵操练，大摆"天门阵"。亦有说一百零八塔是为纪念牺牲在这里的一百零八位古代将军而建。佛教徒则认为，这一百零八塔是某位"功德主"为消除人生烦恼而建的佛塔。按佛教的观念，人生的烦恼有一

水车上负载着岁月的风霜，铭刻着历史的年轮

青铜峡一百零八塔
（全景）

（局部1）

第一编 银川之旅

(局部2)

百零八种，为了消除这些烦恼，规定贯珠为一百零八颗，念佛一百零八遍，敲钟、敲木鱼一百零八响等。

|沙坡头|

[死亡与生命的交响]

沙坡头位于宁夏中卫县，这里是腾格里沙漠的东南边缘，南面紧靠九曲十八弯的黄河，形成集茫茫大漠与滔滔大河、荒凉与绿色于一地的自然景观。包兰铁路即由此通过。在沙坡头还能看到唐代诗人王维在《使至塞上》里描写的"大漠孤烟直，长河落日圆"的壮丽景色。如果幸运的话，骑上骆驼在腾格里沙漠遨游，还会碰上那可望而不可即的神秘的"海市蜃楼"。

沙漠绿洲两分明

沙坡头遍地黄沙，寸草不生，而与它隔河相望的香严山却满眼生机。相传腾格里是条沙龙，香严山是条草龙，两条龙常为争夺地

沙坡头小景

盘而厮杀。每当二龙相斗，总要刮九天九夜黄沙，闹得不得安宁。玉帝派河伯降界，将二龙隔开，这就是穿越腾格里与香严山的黄河。可沙龙不服气，有一天张开火舌向对岸的草龙喷去，碰巧玉帝正从上面经过，一怒之下，把长袍袖甩了一下，碰掉了沙龙的火舌，使它的嘴再也合不拢，成为靠近黄河那座高达100多米、长约2000多米簸箕口状的沙坝。

沙坡鸣钟与泪泉

名为沙龙嘴的沙坝被人们称作"会唱歌的沙漠"。从沙坝上往下滑，身下的沙子会发出有节奏的"嗡嗡嗡"、"嘭嘭嘭"的声音，声音浑厚，如同古刹里的钟声，这就是沙坡鸣钟。滑到坡下，你就会惊奇地发现一股一股清澈的泉水，当地人称为"泪泉"。

沙坡头神秘的"钟声"是从哪儿传来的呢？

传说沙坡头曾是一座叫桂王城的繁华古城所在地。城的南门上有一个大钟楼，钟楼上悬挂着一口神钟。桂王城最后一代王爷姓吴。有一年他的儿子吴琪率军北征，不幸兵败被俘。番王见他武艺超群，动了惜才之念，但要他对天发誓永留北疆，才可免他一死。吴琪便发誓说："如果我吴琪逃跑，就被黄沙压死。"等到番王放松了看管，吴琪在某日晚乘黑逃走。刚跑出几里路，风卷黄沙就呼呼撵来。幸亏吴琪骑的是一匹白兔追风马，比风还快，一会儿就把黄沙抛在了

宁夏腾格里沙漠

后面。吴琪回到桂王城，打算向父亲告别后逃往别处，以免连累父王和百姓。可他父亲不相信，摆宴庆贺父子团聚。等到他们酒后入梦，挂在南门城楼上的神钟突然响了起来。可是已经晚了，人们还没弄清是怎么回事，黄沙就吞没了整个城市。神钟被埋在沙坡底下，只要上面一有人滑动，就会自鸣起来，发出"嗡嗡嗡"、"嘭嘭嘭"的声音。被埋在沙丘下的人们，想逃逃不出来，只能在沙坡下哭泣。人们的眼泪渗出来，汇成一股股细泉。亦有说泪泉是沙龙的眼泪。沙龙当年被玉皇大帝惩罚后，嘴永远合不拢了，它越想越后悔，越想越伤心，常年四季泪流不断。

神钟当然是不存在的。那听起来像钟声的声音，其实是当人往下滑时，带动流沙一起滑动，沙面被晒热的干沙与深层发潮的湿沙摩擦，产生静电效应所发出的声音。

绿色长城

腾格里沙漠是"天上不飞一只鸟，地上不长一根草"的死亡地带，但在沙坡头包兰铁路通过地段的铁路沿线两旁却奇迹般地存在两道"绿色长城"，远看犹如沙漠中的"海市蜃楼"。

为了保护铁路畅通无阻，防治铁路沙害，从20世纪50年代开始，沙漠工作者经过多年探索，反复实践，终于找到了一条治沙之路：先用围栏围成墙，挡住沙漠移动，这种沙栏叫做高立式沙栏，曲折蜿蜒，远望酷似万里长城，因此也叫沙栏长城。再在被沙栏围住的沙地上，把麦草按方格戳进沙子里，将沙子一小方块、一小方块固定住，治沙工作者称之为草格长城。在麦草方格里种上柠条、花棒、油蒿等耐旱抗风沙的植物，待麦草腐烂，植物也就长起来了。这些小植物长大连成片后，再种上适宜于沙漠生长的树木，灌上从黄河里提上来的水，树木成活长大，便形成阻挡风沙、保护铁路安全

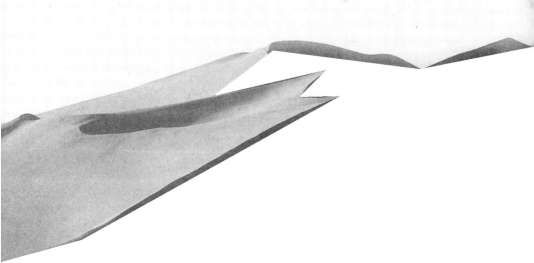

沙漠驼队

的绿色长城。绿色吸引来各种鸟类和爬行动物，现在绿色长城中的鸟类和爬行动物已达上百种，昔日的"死亡"地带变成了充满生机的绿洲。

同 心

[西北小广州　古城塞外风]

　　同心县位于宁夏回族自治区中部。同心旧城规模不大，位于清真大寺下的河湾里，清水河从城中穿过，故有"半个城"之称。同心清真大寺是宁夏境内历史较久、规模较大的清真寺，尤其在宁夏南部山区的穆斯林中影响较大。20世纪60年代同心县城才迁移到包兰公路线上。由于交通便利，加上回民历来就有经商的传统，同心很快发展成为西北闻名的商业中心。大街上摆满了各式各样的摊点，名优产品、风味小吃、现代装饰等等应有尽有。同心是西北土特产的集中地，尤以发菜、龙骨、甘草、二毛皮为主。发菜、甘草、二毛皮与枸杞、贺兰石并称为宁夏"五宝"。这里的发菜市场居全国之冠。发菜与海参、鱼肚、燕窝、鱿鱼、猴头、鱼翅、熊掌并称"美味八珍"，属于一种原始的低等藻类，生长在我国北部的平滩荒漠、低山小丘，缕缕青丝相互交织，形如妇女头发，故名。蒙古族牧民称之为"嘎吉力乌苏"，意为"土地的头发"。发菜营养丰富，又谐音"发财"，象征吉祥发财，因此备受人们青睐，在东南亚、港澳华侨中尤受欢迎。相传唐代巨商王元宝常食发菜，后来发了大财，众人便纷纷效仿，于是发菜身价倍增。同心的商人行迹遍布全国，有的甚至远达埃及。正是这些精明而辛勤的商人使同心获得了"小广州"的美称。当然，这也带来了严重的生态问题。

　　同心境内大罗山东麓的韦州乡是两座古城的所在地，一座是西夏古城，一座是明代庆王府。现在韦州仍保存有不少古迹。

　　在韦州古城东南角和西北角有两座遥相呼应的佛塔：康济寺塔和喇嘛式墓塔。康济寺塔是一座八角十三层楼阁式砖塔，系1061年西夏王元昊在韦州筑城修寺时所筑。洪武辛未年（1391），朱元璋第十六子朱㮵受封到韦州当庆王时，看到西夏古城里的康济禅寺只剩下一座孤零零的塔，就捐资兴修了一座"千佛殿"。不久，寺里的和尚又募捐重建塔身。康济寺塔四周八角上悬挂有风铃，每当微风吹来，铃声叮当作响，此景名曰"金顶塔身铜铃响"。喇嘛式墓塔是一座典型的喇嘛教风格的砖塔，外表抹白灰，又称"白塔"，塔顶砖砌作密檐十三层，是"十三天"相轮的一种变体作法。从建塔所用砖与明城墙相同来看，当为明代所建。在距韦州古城40余里的大罗山东麓坐落有明代王陵区，埋葬着朱元璋第十六子朱㮵及其后代子孙。陵区最北端为朱㮵墓，墓内遗物于早年被盗一空。1967年出土"大明庆靖王圹志"一盒。据说这里原有古墓72座，现大部分被盗墓和挖砖盖房者所毁，仅存王陵和陪葬墓三十余座，也大多遭到不同程度破坏。陵墓全部坐西朝东，位于两条水沟的交汇处，陵台左右二沟环绕，在风水上象征"二龙戏珠"。

同心清真大寺

[中国式的清真寺]

同心清真大寺位于同心县旧城内，初建年代不详，相传始建于

同心清真寺

明代万历年间，清乾隆五十六年（1791）和光绪三十三年（1907）曾两次重修。许多知名的穆斯林学者都曾在这里求学讲学，传播伊斯兰教。1936年中国工农红军西征时，曾在这里集会，成立了陕甘宁省豫海县回民自治政府，这是我国回族历史上的第一次回民自治。

同心清真大寺把我国传统木结构和伊斯兰木刻砖雕装饰艺术完美地融为一体。寺门朝北，门前有一座仿木结构的砖砌照壁，照壁中心为"月藏松柏"的精美砖雕，一轮明月隐隐约约，藏于松枝柏叶之间。其主体建筑礼拜殿、宣礼殿、阿訇住房等建在高达10米、前圆后方的大台基上。礼拜殿坐西朝东，为单檐歇山式顶建筑，面阔五间，进深九间，用二十多根巨大的圆木柱支撑梁架。殿内全部用木板铺地，可容纳七八百人礼拜。礼拜殿右前侧，有二重檐、四面坡式屋顶的亭式建筑唤醒楼。礼拜殿和唤醒楼体现了汉族传统建筑和伊斯兰教建筑艺术的完美统一。

清真大寺东南有占地百余亩的回民公墓，那里埋葬着中国回族寺院教育创始人胡登洲。胡登洲为陕西咸阳人，是明末清初回族著名经师。在明代，回族的汉化已十分严重，很少人使用阿拉伯文字，年轻人对《古兰经》的了解也不如老年人。针对这种现象，胡登洲创立了中国伊斯兰经堂教育。他大力提倡在清真寺院里兴教立学，培养通晓阿拉伯文和《古兰经》的阿訇、满拉，再由阿訇主管寺院，

同心清真大寺砖雕装饰

广招教民，宣讲《古兰经》。只要是回民，都得每星期进一次清真寺，聆听阿訇的教育，咏诵《古兰经》，这种习惯一直沿袭到今天。胡登洲因此被尊称为"胡太师爷"。明万历年间，胡登洲的弟子海东洋到同心韦州传教，经堂教育从此盛行于宁夏。胡登洲死后，本来是葬在陕西咸阳的。清朝同治年间，中国西部回民爆发了以金积马化龙为首的大起义。清政府派左宗棠率大军镇压，马化龙联络西北所有回民前来金积与清军决战。陕西回民赴金积会战时，怕他们走后"胡太师爷"的尸骨被左宗棠破坏，便把胡登洲的尸骨挖出带上，作为圣物加以保护。这支队伍赶到宁夏牛首山脚下时，被清兵打败。活着的人带着胡登洲的尸骨逃到同心——那时还叫"半个城"。教民们见"半个城"有这么大的一个清真寺，认为这是一块"圣地"，便把胡登洲的尸骨埋在寺旁。

|须弥山石窟|

[小山名须弥　浩瀚大世界]

须弥山石窟位于宁夏固原西北55公里的须弥山东麓、六盘山脉北端，是一处开凿时间与云冈、龙门石窟相当，艺术上也能相媲美的大型造像石窟。由于近代以来这里与外界断绝了交通，连宁夏本地人也很少知道它的存在，直到20世纪50年代才被文物工作者发现，重又为世人所知。

据任继愈主编《宗教词典》云，须弥是梵文Sumeru的音译，亦译"修迷卢"、"须弥楼"、"苏迷卢"等，意译为"妙高"、"妙光"、"安明"、"善高"、"善积"等。本是印度神话中的山名，为佛教所用。相传山高八万四千由旬，山顶为帝释天，四面山腰为四天王天，周围有七香海、七金山。第七金山外有铁围山围绕的咸海，咸海四周有四大部洲。许多佛教造像和绘画以此山为题材，用来表示天上的景观。

固原这个方圆5里的小山，竟然以"须弥"名之，大概是因丝绸之路上的敦煌莫高窟、甘肃炳灵寺和麦积山石窟盛名远扬，只有以

须弥山石窟大佛

佛教神山"须弥山"名之，才能使之更有影响，更具吸引力。

须弥山四周都是一望无际光秃秃的黄土，惟独须弥山上绿草青青，古松苍翠，山脚流水潺潺，形成当地一大奇观。须弥山石窟共有一百多个，开凿于北魏至唐代。其中保存较完整的有二十余窟，分布在山麓大小不等的俗称"大佛寺"、"子孙宫"、"圆光寺"、"相国寺"、"桃花洞"的五座山崖上。最有名的是公路北边悬崖上的第2窟，凿有高达20.6米的露天释迦坐像，光一只耳朵就有两人高，一个眼窝也有一人长，比云冈19窟大坐佛和龙门奉先寺卢舍那佛还要高大。

相传须弥山的大佛，早先只有2号窟一座，俗称"二佛爷"。二佛爷高大威武，全国各地的善男信女纷纷慕名前来朝拜，一年四季香火旺盛。这可气坏了龙门的大佛爷。大佛爷驾青云而来，大吼一声，从云头落到二佛爷右边。他抬头一看，不觉倒吸一口凉气，二佛爷坐着比他站着还高出一大截子呢！二佛爷目视前方，连看都没看他一眼，大佛爷就吓得再也迈不开步了。这个大佛爷就是1号窟微张着嘴、垂着手臂、双眼呆望着2号窟大佛的那尊佛像。云冈的三佛爷听说大佛爷惨败的事后，更是一千个不相信。他跑来须弥山，可是还没等和二佛爷比试，就被二佛爷高大威武的形象震得趴下了——这就是2号窟佛像山角下的那块巨石。

当然，这只是民间传说。事实上，须弥山石窟群的开凿是有多种原因的。这个地区在战国末期归属秦国后，政治、经济、文化日渐发达，成为当地的一个经济、文化中心。到北魏时，佛教盛行，须弥山的自然条件又很适于开凿石窟，因而自北魏至北周、唐代，这里都有大规模的开窟造像活动，终于形成一个大型的石窟群。

须弥山石窟佛像雕塑精美，塑像众多，仅45号和46号窟，比真人还大的雕像就逾40尊。有的石窟曾遭地震破坏。今遗留下来的最大型雕像是2号窟的释迦坐像。而51号窟主室佛龛中的三尊6米高的坐佛，是石窟造像中的珍品。

六盘山

["鹿攀" 变 "六盘"　泾河有龙王]

六盘山跨越宁夏、甘肃、陕西三省区，绵延近千里，其主峰在宁夏固原、隆德县境内，海拔2928米。雄壮险峻的六盘山自古为兵家争战之地，这里崇山峻岭，林深蔽日，古人说它"峰高太华三千丈，险居秦关百二重"，地势十分险要。它南控关陇，北扼灵武，西通河湟，东走庆、环，坐镇古代交通要道，被称为"陇干锁钥"。宋代名将韩琦、范仲淹以及杨六郎曾在此据关把守。一代天骄成吉思汗征伐西夏途经此地，为六盘山优美景色所吸引，就地筑宫避暑，后来客死于此。明洪武二年（1369），大将徐达在此大破元兵，完成了西北边地的平定。1935年10月，毛泽东率中国工农红军翻越这座万里长征中的最后一座大山，后来写下了气吞山河的诗篇《清平乐·六盘山》。

"六盘"，顾名思义是要经过六重盘道才能达到山顶。其实"六"只是一种概数，言其山道曲折，盘道多重。当地百姓则相传"六盘"是由"鹿攀"讹传而来：很久以前，六盘山无路可登。山脚下有座古庙，一天，庙里的老和尚到小溪边提水，一只正在溪边饮水的梅花鹿扭头便跑，却又走走停停，好像在示意什么似的，老和尚便尾

六盘山红军长征纪念亭

《清平乐·六盘山》
毛泽东

随其后,不知不觉登上了山顶,放眼山下,美景如画。此事传开后,这座山便被人们称为"鹿攀山"了。当地人"六"、"鹿"同音,加上山岭逶迤盘曲,久而久之"鹿攀"就变成"六盘"了。

六盘山山高壑深,气候温凉,年平均气温约6℃,历来有"春来秋去无盛夏"之说。山上植被丰富,林木茂盛,野花满坡,有高等植物788种,乔木林2.6万公顷,森林覆盖率达70.8%,出产党参、黄芪、贝母等珍贵药材。山间栖息着金钱豹等30多种野兽、200种脊椎动物和147种鸟类,其中有珍贵的金雕和红腹锦鸡。六盘山是国家级的自然保护区,也是久负盛名的旅游避暑胜地,雄奇险峻又秀丽多姿,还有许多古代留下的历史真迹。

位于六盘山东南、宁夏泾源县南20余公里的老龙潭,是泾河源头之一。老龙潭由三个大潭组成,相传泾河老龙就居住在这里,民间流传不少关于泾河龙王的传说。其中最著名的有魏征梦斩泾河龙和柳颜传书等。

据《西游记》说，泾河老龙在行云布雨时，不按玉皇大帝的旨意办事，擅改时辰和数量，违犯天条，玉帝下旨让唐朝宰相魏征第二天午时将其斩首。泾河老龙托梦给唐太宗，求太宗救它一命。第二天，唐太宗把魏征召进宫中下棋，想拖住魏征，使他到时候不能去斩泾河龙王。到中午时刻，魏征打起瞌睡来，不一会儿脸上一头大汗，唐太宗拿起一把扇子给他扇凉，好让他睡得踏实些，拖过正午时候，救下老龙。正扇着，只听魏征大叫"杀！杀！杀！"没喊完便醒了过来。太宗问魏征喊什么，魏征说："我刚才喊着要杀的是泾河老龙。正当我斗得满头大汗，怎么也无法下手时，不知从哪来了一股清风吹得我飘然而起，我像长了翅膀一般，轻松地斩掉了老龙。"唐太宗一拍大腿说："糟了——我帮倒忙啦！"那泾河龙王就这样被魏征斩于老龙潭的三潭。从山崖上向对面望去，峭壁上有个土红色的洞，洞里渗出一线红水，据说那就是泾河龙王的血。

泾河龙王被斩后，泾河小龙接替老龙的位置，当家做主。小龙善于辞令，喜欢交游。有一次，他跑到洞庭龙君家作客，洞庭龙君见他彬彬有礼，侃侃而谈，非常喜欢，就把独生女儿许配给了他。泾河小龙将洞庭龙君的女儿娶回泾河后，便露出了胡作非为的真面目。后来，竟将洞庭龙君的女儿罚到荒无人烟的河滩上常年放羊。她一个人孤苦伶仃地在河滩上煎熬了一年又一年。一天，从南方淮阴来京应考的书生柳毅路过这里，十分同情她的苦楚，叫她写了一封信转交给她父母。洞庭龙君见信才知道女儿遭此虐待，非常气愤，他弟弟钱塘龙君听说了，更是恼怒，于是率兵讨伐泾河小龙，将侄女接回了洞庭湖。"柳毅传书"成为民间佳话，被多种戏剧搬上舞台，舞台上的龙女形象美丽善良、温柔多情，柳生一身正气、富于同情心。柳毅将信送达后，老龙见他俊俏刚正，执意要将龙女许他为妻，被婉拒。又要赠送礼物相谢，仍被坚拒。柳毅说：我乃因同情龙女遭遇而代之传书，岂图回报！老龙无奈，于是热情款待柳生，然后送他回家。龙女爱慕柳毅人品，化身渔姑嫁给柳毅，终于报答了传书之恩。

老龙潭景色奇佳，峡谷幽深，峭壁嶙峋，上面点缀着绿树花草，时有山鸟啼鸣其下。峭壁下，清澈的泾河水蜿蜒奔流，冲过山间狭

六盘山泾源古亭

隙，激起飞沫琼珠，在三潭上形成一道白链似的瀑布。瀑流直泻潭底，又旋涌着离潭而去，在狭谷间撞击奔突，留下一片白雾。而在头潭一带，泾河水水势渐缓，在浅浅的河床上形成一级级清亮的小瀑布。河谷两边草木丰密，山花盛开，青峦拥翠。

清乾隆时人胡纪模曾于1790年奉旨考察龙潭，在饱览老龙潭美景后，他在《泾水真源记》中写道："凡泾水所历土壤石山，俱见清且涟漪，毫无泥滓，唯由平凉至泾州，泾汭合流处，百四十里，南北西三面三水所归，色与泾源少异，然不过微杂尘沙，须眉难鉴而已，迥非咸阳渭河之黄泥耀目者可比。是泾水之清，经身历而始信。"

老龙潭作为泾河之源，其水色山光之清俊新奇，由此可见。

|凉天峡|

[一代天骄长眠处]

凉天峡位于六盘山东麓腹地，距泾源县城南30公里，是一条东西走向的二十公里长的大峡谷。峡谷深藏于崇山峻岭中，三面环山，唯有一条羊肠小道通往谷外，地形很幽深隐蔽。四周群峰如障，树木茂密，怪石嶙峋，山藤攀缠岩上，泾水萦绕石间，景致幽奇秀丽，

凉天峡
成吉思汗殡天处

既含北国雄浑粗犷之势,又具南方清奇俊雅之韵,是避暑、休憩的好去处。一代天骄成吉思汗在这里修筑了避暑行宫,并最终病逝于此。

1227年,成吉思汗率军久攻西夏都城兴庆府不克,便引军到凉天峡休整避暑,谋划再次攻伐西夏。同年,西夏末主李睍率百官在凉天峡向蒙古军乞降,不遂而被杀。成吉思汗因在征战途中染病,逝于凉天峡。今山中尚存避暑行宫遗址,是块2000多平方米的平台,散落着几块石墩、石条和断壁残垣。当年的行宫已不复见,唯这些遗存记录着当年一代天骄在此休眠的印迹。

六盘山地理位置十分重要,气候凉爽湿润,宜于避暑,成为蒙古军的一个休憩场所。公元1253年和1254年,忽必烈在南征云南和回师途中,曾两次驻屯六盘山。1258年,蒙哥汗南征时,在这里接见了来自全国的郡守和县令,并派大将浑都海率2万兵士留守驻地,将王妃出卑可敦及军用物资留在六盘山。1272年,皇子忙哥剌坐镇关中,也在六盘山下的开城建王相府,作为夏季居所。

凉天峡周围林深草密,植被完整,是一个天然的森林旅游区,其主要景点有小南川、黑水潭、纽门沟、石门沟、透沟等。人们可以在欣赏大自然美景的同时,畅想当年蒙古军金戈铁马的雄风。

固原古城

[襟带西凉　咽喉灵武]

固原古城在六盘咽喉之处,古人谓其"襟带西凉,咽喉灵武","据八郡之肩背,绾三镇之要膂",因而有"高平第一城"之称。

古城始建于汉代,明万历年间改建包砖,成为北方少有的砖城之一。其城池坚固,地势险要,为历代兵家必争之地,也是古丝绸之路北道的必经之地。

固原历史悠久,现固原博物馆收藏的1万余件文物,充分说明了这一点:新石器时代仰韶晚期文化和龙山文化遗物,春秋战国时期北方戎、羌等北方少数民族的青铜器,北朝棺画、石雕,隋唐墓葬壁画,全国乃至世界仅存的波斯萨珊王朝的鎏金银壶、突钉装饰玻璃碗……

固原还有一个重要的历史见证,就是境内蜿蜒200多公里的秦长城遗址。这条秦长城横亘西吉、固原、彭阳三县,筑于秦昭王时

宁夏固原
战国秦长城遗址

期（前306—前250）。现在虽然成了历史的陈迹，却仍然在诉说着文明的久远和世事的沧桑。

|沙 湖|

[塞上明珠]

在银川平原北部的平罗县境内，有一个新兴的旅游胜地——沙湖，它一经开发便立即引起世人瞩目，以其优美独特的湖光、沙色吸引了各方游客，并于1992年被国家旅游局列为249处国家级旅游线路之一。1993年，国家旅游局在其举办的"中国山水风光年"活动中更将沙湖与全国著名的风景区桂林山水、湖南张家界等一起向海外旅游市场推介。

沙湖景区总面积约45平方公里，沙漠、湖泊各占12.74平方公里，其余为耕地和林区。湖中生长着一片一片的芦苇，或联成大片，或聚成小簇，疏密有致，星罗棋布地点缀着湖面。这些芦苇在湖面上分割出一条条曲曲弯弯的水道，好像迷宫。不同的季节，芦苇呈现着荣枯不同的形态，给沙湖景色带来了变化，"四时风景各不同"。芦苇面积约占湖区的四分之一。苇丛中栖息着多种鸟类，有天鹅、鸥鹭、野鸭、大雁等，它们或嬉游水上，或翱翔长空，怡然自得，给沙湖平添许多生趣。荡舟沙湖，游弋于芦苇荡中，既可尽情领略湖光苇色，又可观赏群鸟狎戏，充分享受大自然之美。

湖泊中心辟出一片半封闭的鸟区，那儿是鸟的乐园。百鸟在此栖息繁衍，苇丛中不时可见一个个鸟窝。在繁殖季节，更可见到一堆堆鸟蛋在苇丛中闪烁。游人既可通过观鸟台的望远镜观赏百鸟，也可乘游船驶入鸟区，近距离接触鸟儿，体会与鸟同乐之趣。

沙湖南岸设有水族馆，展示产于沙湖的鱼类和水生动物，不仅有人们常见的鲤、鲢、草、鲫等几十种鱼，还有北方稀有的大鲵和大鳖，重达几十公斤。在沙湖东北部，还有荷花苑，供游人赏荷观花、乘船采莲，亲身体验"采莲荷塘中"的乐趣。

沙湖的另一特别景现为沙。在充满江南水乡秀色的湖南面，紧

宁夏沙湖

接着就是满眼金黄的沙山，沙梁起伏绵延，衔接远空，万顷沙海，一望无际。沙山上不时走过成群的骆驼，驼铃叮当，勾画着一派壮丽的大漠风光。

沙湖以罕见的江南水乡秀色与沙漠壮丽风光相结合的奇特景观，迅速成为旅游景点的奇葩，被誉为"塞上明珠"。

|镇北堡|

[西部影城　中国一绝]

提到电影城，人们都知道美国的好莱坞，在中国，则有北京、上海、西安、无锡等地的电影城。在宁夏银川也有个极富特色的西部影视城，却知者不多。

西部影视城位于银川市西郊30公里的镇北堡，是中国西部题材、古代题材影视作品的最佳外景拍摄基地。20世纪80年代获得国际性电影节大奖的中国电影《牧马人》、《红高粱》、《黄河谣》都是在这里拍摄的，还有《方世玉》、《一个和八个》、《老人与狗》、《大话西游》、《东邪西毒》、《红河谷》、《新龙门客栈》、《黄河绝恋》等四十多部影视作品也在此取景。镇北堡西部影视城将这些拍摄过的影视场景保留和复制下来，成为展示大西北雄浑苍凉、粗犷野性的自然景象和风土民情的博物馆。

在镇北堡西部影视城，人们可以看到电影《红高粱》中九儿住的农家小院，九儿的闺房和酿酒作坊，巨大的酒桶仍排在发酵池边，一切仍保留拍摄时的陈设，仿佛九儿还在这里生息；也有《红高粱》中的长工房，院里摆放着旧石磨、碾盘、风斗等农家常用器物，墙上挂着干玉米和簸箕，再现了旧时普通农家场景；还有《红高粱》画面中美丽绝伦的月亮门，高高耸立，俯视着当年拍摄九儿出嫁时"颠轿"那场戏的旷地。

影视城中，还保留着电影《黄河谣》中出现的"柴草店"、"铁匠营"，《新龙门客栈》中的"龙门客栈"、"三不洗澡堂"（也是《大话西游》中蜘蛛精的洗澡塘），《五魁》中的匪楼，《双旗镇刀客》、《五魁》、《征服者》、《贺兰雪》、《绝地苍狼》等众多电影中时常出现的西部街市，表现两军对阵的野外阵地，拍摄攻城酣战的堡垒城墙，以及枯树嶙峋、遍地黄土的西北荒野等等。走进影视城，就如同走进了西部历史的不同时代。

镇北堡原是明清时的一处边防要塞，明代弘治年间始修了堡垒，城墙厚达8米，此即"旧堡"。在1739年即清乾隆三年的一次强烈地

西部影视城招牌

西部影视城十八里坡

震中,城堡遭到严重毁坏。两年后,清政府在旧堡旁边修筑了另一座土城堡,规模略大于旧堡,即今日之"新堡"。

  镇北堡的最初发现、发掘者是著名作家张贤亮。1961年,在农场劳改的他独具慧眼发现了这片黄土地具有一种独特的气势,这种雄浑、苍凉、悲壮、残旧、衰而不败的奇特景象,蕴涵着特殊的审美价值和艺术魅力。之后,他把镇北堡写进了他的小说《绿化树》,称为"镇南堡"。80年代初,张贤亮又把镇北堡介绍给电影界,策划建设一个富有特色的西部影视城,利用黄土高原上的"荒凉"优势,突出西部风光中的荒凉感、黄土味、原始性和民间性的审美内涵,把"荒凉"作为一种旅游资源。"出卖荒凉"成为成功的经营策略。镇北堡西部影视城也成了"中国一绝"。

第二编 西宁之旅

西 宁

[西羌古城　唐蕃古道]

西宁位于青海省东部湟水谷地，是青海省省会。西宁一带远古时代就有人类活动，从文字记载和考古发掘来看，这里最早的居民是羌人，商周时，被称为"羌戎"。"羌"指从事畜牧的羌人，"戎"指从事农业的羌人。羌人后来成为汉族先民的一部分。1923年首次发现于青海湟中县卡约村而得名的卡约文化，就是古羌人的文化遗存。据测定，卡约文化距今约三千年左右，相当于中原的西周时期。卡约文化分布在东起甘、青交界处的黄河、湟水两岸，西至青海湖周围，北达祁连山麓，南至阿尼玛卿山以北的广大地区，以湟水中游的西宁盆地文化遗址最为密集，显然是其分布的中心地带。当时羌人大体上过着以定居农业为主，畜牧业占有很大比重，兼事狩猎和采集的生活。从陪葬物的性别差异来看，男女之间已出现明确的社会分工。卡约文化广泛使用石器，但已进入青铜时代，遗址中出土不少青铜器。

西宁是一座已有两千多年历史的古城。汉武帝时即在此设"西平亭"，至北宋崇宁三年（1104），改为"西宁州"，西宁之名从此始。

西宁之名大概即取西方安宁之意。这里自古为兵家争战之地，扼守西宁，可右控青海，左引甘凉，内屏中原，外限羌戎。西宁不仅战略地位重要，还是古代东西方交通的重要孔道，著名的"丝路南线"和"唐蕃古道"都经过这里。

西宁地处内陆，海拔高，盛夏凉爽宜人，是理想的避暑胜地。西宁还是多民族聚居区，在这里可欣赏到优美的自然风光及具有民族特色的文物和古迹。

丝路南线青海道

丝绸之路有南北两路。从远古时起就存在着通西域的青海南道，当河西走廊畅通时，青海道作为辅道存在；当河西走廊阻塞时，青海便为东西往来的主要通路。

约在四世纪左右，河西走廊先后出现了前凉、后凉、北凉、西凉等地方割据政权，互相争战，各霸一方。频繁的战争使青海暂时成了丝绸之路的主道。东晋安帝隆安三年（399），著名高僧法显取道西宁前往印度求法，这是有据可查的首次取道青海前往西域的史实。在魏晋南北朝和北宋时期，青海道是东西交通的主要通道。

丝路青海道的主干线即从今天的临夏至民和、西宁达青海湖的河湟古道，由青海湖经柴达木至新疆婼羌的羌中道。路线起自甘肃临夏（河州），由民和县古鄯进入青海，过乐都古城，经湟峡达西宁，西达多吧，转北至峡门，进入青海湖北岸。流入青海湖的布哈河畔，有一座吐谷浑王城遗址，是昔日丝绸道上的中继站，商队在此稍事停留，再西行入柴达木盆地，越盆地进入新疆。丝路青海道大部分路线的走向与现甘青公路、青新公路基本一致。

通天河唐僧遇险

《西游记》唐僧师徒西天取经就是取道青海、绕路玉树赴西域的。玉树东有一条通天河，意思是通到天上的河，有"通天河相传为天河下游"之说。通天河两岸山势险峻，河谷迂回，水流湍急，是"海藏通衢"的一大天堑。过去，通天河上只有一个小渡口，有一首歌谣唱道："通天河水浪滔滔，要想过河等冰桥。"夏天靠牛皮筏子

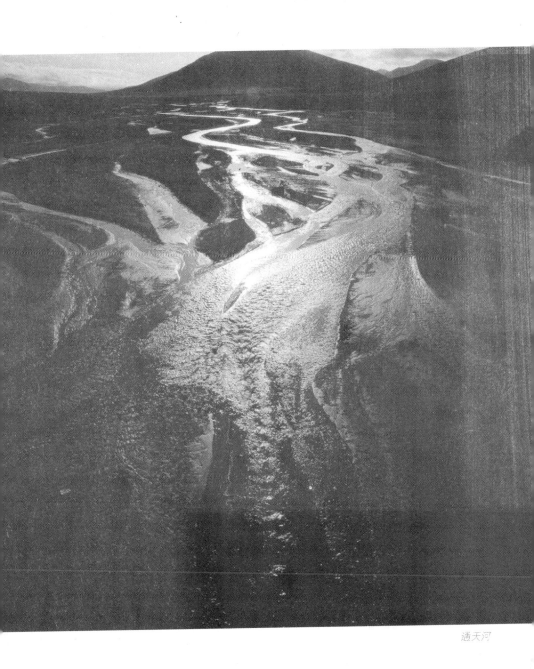

通天河

过河，水大浪急十分危险，常常船毁人亡。唐僧师徒来到通天河边时，观音莲花池里的金鱼怪正占据河底白老鼋的水鼋府第为害作乱，祸害百姓。金鱼怪用计冻河，等唐僧师徒在冰上过河时，突然冰破捉住唐僧。孙悟空请来观音收走金鱼怪，救出唐僧。老鼋感激孙悟空帮他收回水鼋府第，将他们驮过河去，不到一日，便过了八百里通天河。临了老鼋托唐僧问佛祖，它何时可脱本壳，得一个人身。唐僧一行取经回来，在河边又遇到白老鼋。老鼋驮着他们将近东岸，问起托问佛祖何时可得脱本壳之事，唐僧意念全在取经，忘了帮老鼋问佛祖。老鼋一气之下将身一晃，把师徒四人连马带经，一起跌落水中。上岸后，唐僧将湿水的经文晒在附近一块大石板上，后人把这块石板叫"晒经台"。不料石上沾住"佛本行经"几卷，经尾沾破了。故至今"本行经"不全，晒经台上留下经文字样。

联姻通好开古道

中原与西藏的通道，在唐以前可能就存在，但唐代才见于史籍。青海是过往西藏的必由之道，唐与吐蕃的交通大道即横跨青海而抵拉萨。

在李唐王朝兴起的同时，吐蕃王朝在青藏高原崛起，从第三十二世赞普弃宗弄赞（即松赞干布）开始，日益强盛。雄才大略的吐蕃赞普松赞干布敬仰中原文化，十分羡慕毗邻的吐谷浑与唐联姻，也派使者到长安请求通婚。唐太宗贞观八年（634），吐蕃首次遣使来到长安。贞观十五年，唐太宗将文成公主嫁给松赞干布为妻。文成公主入蕃，开创了唐蕃关系的新篇章，开拓了唐蕃大道。在此后的两百年中，唐蕃关系的主流一直是和睦相处、友好往来，有据可查的使者往来就达一百九十一次之多。唐蕃古道成为唐蕃友好的重要桥梁和纽带。

唐蕃大道大致从长安出发，经今天水、兰州转入青海，经民和、乐都、西平（鄯城）、临蕃城（今镇海堡）至湟源，顺羌水（药水）至库山、赤岭（日月山），经尉迟川（倒淌河）、苦拔海、王孝杰米栅、莫离驿、公主佛堂（恰不恰）、大非川、那录驿（鄂拉山）、暖泉、烈谟海（喀拉海）等地，再由黄河北岸西上，至扎陵、鄂陵二

文成公主入藏弘佛图 尼玛泽仁

湖，渡黄河，经玉树，再往西南行，经今藏北黑河，赴拉萨。唐蕃大道青海道长约1000余公里，与今天的青康公路大体一致；气候高寒，人烟稀少，旅途异常艰辛。

一路弦歌今犹闻

7世纪前期，吐蕃首领松赞干布统一青藏高原的各部落后，仰慕唐朝的文化，多次派使臣到长安请求通婚。贞观十四年（640），松赞干布派宰相禄东赞带着黄金5000两和珍宝数百件再次求婚，唐太宗应允遣嫁文成公主到吐蕃。641年，唐太宗派江夏王李道宗护送文成公主前往吐蕃，松赞干布亲自在东界柏海（今青海鄂陵湖和扎陵湖）迎接。文成公主入藏一路留下许多遗迹和传说，其中以青海玉树结古镇以南白纳沟内的文成公主庙最为有名。

文成公主进藏途经玉树，受到当地藏族头领和群众的隆重欢迎。公主为报答和感谢当地藏族人民，在这里住了一段时间，言传身教，帮助当地人民学会了耕种、纺织。在白纳沟对面的山坡上还有据说是当年公主教人们开荒种地的田埂。相传文成公主在扎陵湖与松赞干布会面后，一路翻过巴颜喀拉山，越过通天河，来到玉树境内的白纳沟。自小信佛的公主以为，一行人马平安通过天然屏障巴颜喀拉山和亘古天堑通天河是佛祖相助的结果，为了表达对佛的谢意，她亲率工匠在白纳沟的岩壁上刻下数十尊佛像和许多佛塔。文成公主走后，远近的僧侣和善男信女纷纷前来白纳沟膜拜，不少人还仿效公主，在山崖上凿刻佛像和经文。久而久之，白纳沟的岩壁和石头上差不多都被刻上佛像和经文。据说有一年，几位拉萨高僧路过，想在此垒石搭锅，跑遍了整个山沟，发现每块石头上面都刻有佛像和经文，最后只好作罢。他们回藏后大肆宣扬，致使许多西藏人不远千里前来朝拜。

唐中宗景龙四年（710），金城公主远嫁藏王弃隶缩赞赞普，路过白纳沟，参拜了文成公主遗留下来的九尊佛像。当时佛像露天，为使文成公主的功德免遭风雨毁蚀，她派人在石雕佛像上修建了"文成公主庙"加以保护。这是全国惟一的文成公主庙，祭祀的却并非文成公主。庙宇坐北朝南，是一座独立的藏式平顶建筑。寺院规模不大。庙堂内的岩壁上，有由两只雪狮驮着的九尊巨幅佛像浮雕，中间的主佛高7.3米，两侧八尊侍者佛高约4米。整组浮雕依山就势，人物造型质朴敦厚，神态文静大方，形神兼备，显示出高超的雕刻技巧。喇嘛教徒和远近游客经常来此朝拜。

[西宁八景　塞外风月]

西宁古有八景之说。这八景即石峡清风、金蛾晓日、文峰耸翠、凤台留云、龙池夜月、湟流春涨、五峰飞瀑、北山烟雨。

石峡在西宁市东20里，湟水穿峡东流，两岸石崖壁立，汉代称湟峡，《水经注》中称为漆峡。盛夏酷暑，峡中山高蔽日，清风徐徐，故有"石峡清风"之称。旧时峡口修有风神洞，清代朝廷每年都派人来这里祭拜风神。

西宁西北70里有金蛾山，山上有水池名"金蛾"。峰顶观日出，只见晓云四开，万道金光托日而出，蔚为壮观，此景即"金蛾晓日"。

山月
吕云所

文峰在西宁市东南3里,四面群山环拱,唯此峰突兀而出。夏秋之季,芳草青青,林木荟蔚。

凤台留云一景在西宁的南禅山。山顶为一圆形平台,称为凤凰台。九九重阳,人们多爱在此登高,聚会赏景。由山下望凤凰台,但见浮云缭绕,绵绵不绝。

西宁西郊5里苏家河湾有个五龙宫,宫内有一眼泉,泉水涓涓上涌,有如喷珠。每当晴空朗月,月光溶溶,水色朦胧,汩汩泉水如珠似玉,当地人称为"龙戏玉珠",此景即为"龙池夜月"。

湟水流经西宁北郊,每年春天,冰雪消融,湟水骤涨,浩浩荡荡东流而去,"湟流春涨"即指此。

西宁市北80里的五峰山堪称西宁八景之最,山高水多林茂,在大多缺水的西宁诸山风景中独具特色。五峰山海拔2800多米,其景色可概括为三林、三洞、三泉。三林指松树林、杨树林、灌木林,每到春夏,林木繁茂,耸青叠翠。三洞指山腰的三个人工洞穴,各洞之间有狭窄陡峭的羊肠小道相连。在三洞下有三处泉水,其中以澄花泉(又名龙宫泉)水质最好。泉水由人工管道引进石雕的龙嘴喷出,飞泻直下,形成瀑布。每年农历六月六日,五峰山有规模盛大

金秋
赵建成

的花儿会，附近土、回、藏、汉等民族人民纷纷前来，歌舞传情，盛况空前。

"北山烟雨"指西宁北禅山雨中景色。北山位于西宁市北湟水之滨，海拔2300米。其山崖层叠，远望如土台楼阁高耸，故又名土楼山。雨中北山，烟云缭绕，时隐时现，宛如一幅幅变幻无穷的水墨丹青。山上依山崖建有北山寺，又称为土楼山寺。山坡上有传为北魏明帝时所开凿的洞窟，曲折蜿蜒，名"九窟十八洞"。

后人又在八景之上加了一景"虎台怀古"，成为九景。虎台在西宁市郊杨家寨附近，是五胡十六国时期南凉的遗址。《西镇志·地理》载，虎台共9层，高9.8丈，为陈兵检阅而建，今仅存一大土丘。

|东关清真大寺|

[二教共处传佳话]

坐落于西宁东关大街中段的东关清真大寺，是西宁市规模最大、保存最为完整的古代建筑，与西安化觉寺、兰州桥门寺、新疆喀什艾提戈清真寺并称为西北四大清真寺。

该寺初建于明洪武年间。明朝开国大将沐英任西平侯（西平即今西宁）时，应当地伊斯兰教上层人士和回族人民的请求，联合西宁土司回族人冶正国，向明太祖朱元璋禀奏，请求在西宁敕建一座清真大寺。明太祖不久即"敕赐"修建清真大寺，冶土司被封为世袭掌教。

清兵入关后，东关清真大寺由盛而衰。清王朝残酷的民族压迫和宗教歧视，激起西北地区的广大回民不断反抗。光绪二十一年(1895)，青海回族、撒拉族人民发动被称为"河湟反清事件"的起义，起义被镇压后，清真寺被清统治者拆毁。1915年，甘边宁海镇守使马麒上任不久，请求北洋政府准予重建东关清真大寺。1916年，马麒为了发展伊斯兰新教，从宁夏请来新教阿訇马万福。马万福以东关清真大寺大殿方位不合圣地麦加礼拜的方向，提出重建。马麒采纳其意见，予以改建。其后，又经1926年和1946年两度维修扩

西宁东关大清真寺礼拜场景

建,遂成目前规模。

　　寺院正中是可容纳三千人进行礼拜的大殿,大殿前的广场外三门两侧耸立着两座高大的鸣经楼,也叫喧礼塔。大殿殿脊中央和喧礼塔上饰有五个金光灿灿的藏式佛教镏金经筒。其中大殿殿脊中央的三个是1916年清真大寺修复时,由甘肃拉卜楞寺的僧众赠送的;喧礼塔上的两个,是湟中塔尔寺所赠送的宝物。值得注意的是,在寺院重门及喧礼塔砖壁上,嵌贴着佛教的"卐"字吉祥图案。"卐"字是古代印度、波斯、希腊等国历史上出现的一些古代宗教所沿用的具有神秘色彩的吉祥图案。随着佛教的传播,"卐"字传入中国。由于佛教在中国的广泛传播和巨大影响,在中国"卐"字便被认为是佛教的专有物。也许修建东关清真大寺的人们认为既是吉祥之物,就不分彼此,为我所用。因有了这种带有佛教色彩的建筑装饰,也就有了与一般清真寺的不同之处。东关清真大寺的建筑历史体现了伊斯兰教与佛教和平共处的友好关系。

玉带桥

[桥畔访皇弟]

西宁东稍门外，有一座大桥叫"玉带桥"。据说，它也是古城西宁的一个著名景观。对其来历，民间有段有趣的传说。

清康熙年间，皇上派钦差到西宁府考察民情，还要查访失散多年的远房兄弟（亲王）。西宁府台通知有功名的官儿去东稍门外扎下帐篷日夜迎候，镇海堡有个目不识丁的四棱子堡长也一定要参加。这个人平时就不听指挥，你不让他来，他偏要来，府台没法，只好让他也来迎接钦差。

钦差大人的鼓乐声已入耳时，府台大人忽然发现大桥上挂着一条带子，就查问是谁挂的，可谁也不吭气。钦差大人来到跟前正要举步上桥，忽然发现桥上的带子。钦差见多识广，见带子上一块块玉板在阳光下闪闪发光，断定其为皇家之物，吓得倒退三步，一下跪在玉带之前，府台和众官员不知就里，也一齐跪下。钦差问府台在此挂带是何用意，府台回头见下跪的人群中惟独没有四棱子堡长，便说是其所为。钦差一听，忙说"快请镇海堡亲王！"只见四棱子堡长大摇大摆地从帐篷里走出来，问钦差"皇兄可好？"他正是康熙的远房弟弟。从此这桥就叫"玉带桥"了。

湟中塔尔寺

[圣地·艺苑·学府]

位于青海省湟中县鲁沙尔镇的塔尔寺，是我国藏传佛教格鲁派（黄教）六大寺院之一（六大寺院即塔尔寺，西藏的哲蚌寺、色拉寺、甘丹寺、扎什伦布寺，甘肃省的拉卜楞寺），始建于明嘉靖年间，因大金瓦寺内纪念宗喀巴的大银塔而得名。

圣地自有佛护佑

整个寺院由大金瓦寺、小金瓦寺、小花寺、大经堂、大厨房、九

青海塔尔寺外景

塔尔寺大金瓦殿（亦称宗喀巴纪念塔殿。大殿正檐下"梵教法幢"匾额系乾隆皇帝御笔敕赐。）

间殿、大拉浪、如意宝塔、太平塔、菩提塔、过门塔等大小建筑组成，殿宇、经堂、院落、僧舍，参差错落在东西两坡、山间谷地，全寺规模宏大，气势磅礴。主殿大金瓦寺，是汉式宫殿建筑，面积近450平方米，初建于明朝嘉靖三十九年（1560），内有纪念宗喀巴的大银塔，是塔尔寺最早的建筑。殿外有古树一丛，传为宝塔所包藏的菩提树的根系衍生而成。殿内珍藏数百卷经卷，其中有一部大藏经。大经堂是塔尔寺宗教组织最高权力机构所在，内设千数蒲团，可供两千多个喇嘛集体诵经之用，下设四大扎仓（学院），即参尼扎仓（显宗学院）、居巴扎仓（密宗学院）、丁科扎仓（时轮学院）和曼巴扎仓（医学院）。经堂内悬挂有各种佛教题材的堆绣、剪堆，还有各种壁画（卷轴画），做工精细，生动别致。"大拉浪"亦称大方丈室，在塔尔寺的最高处，是塔尔寺行政事务负责人法台的居住处，达赖、班禅来塔尔寺也在此居住。

塔尔寺内最高大的一座白塔名太平塔。抗战时期，日军对西宁地区狂轰滥炸，塔尔寺也是其目标之一。可每次轰炸后塔尔寺都安

大经堂殿顶镏金铜法幢

然无恙。信徒们便认为这是此地有灵，佛爷保佑。为谢佛爷保佑之恩，1942年修建了这座白塔，命名"太平"，寓对太平盛世的向往之意。

黄教宗师宗喀巴

塔尔寺被认为是黄教宗师宗喀巴（1357—1419）的诞生地。宗喀巴，本名罗卜藏扎克扎，又称罗桑扎巴；宗喀巴是后人对他的尊称，藏语称"湟中"为"宗喀"。宗喀巴自幼聪明好学，七岁在安多的贡布寺出家，十六岁前往西藏求学，在西藏各教派寺院访师问道二十余年，博通显密。当时正值萨迦派衰落，只重密宗，不习显教；崇尚咒语，不重戒律，尤其是教徒生活腐化。宗喀巴立志改革，重振教规，提倡恪守戒律，先"显"后"密"，严禁娶妻，形成一个新的教派"格鲁派"。"格鲁"藏语意为"善律"。为了与其他教派相区别，该派僧人穿戴黄色僧衣僧帽，故俗称"黄教"。

格鲁派虽然在藏传佛教中形成最晚，但后来居上，在西藏逐渐成为执政教派，广泛流传于蒙藏地区。

宗喀巴作为复兴藏传佛教的一代宗师，受到广大信徒的尊崇和膜拜。继承宗喀巴事业的是他的两个著名弟子——根敦主和克珠杰。17世纪格鲁派建立完善的达赖和班禅活佛转世制度后，根敦主被追认为第一世达赖喇嘛，相传系自在菩萨化身；克珠杰被追认为第一世班禅，相传系无量光佛化身。

塔尔寺留有不少宗喀巴的遗迹和传说。相传宗喀巴出生时，他的母亲将胞衣埋在现大金瓦寺正中的地下，数年后这里长出了一棵枝叶繁茂的菩提树，树上生出十万片叶子，每片叶子上现出一尊狮子吼佛像。他的母亲十分思念他，便托人把"菩提树"的消息转告他，并捎去一束白发，希望他回家团聚。当时宗喀巴正在拉萨专心于宗教学业，无心回家，便派一位弟子带一幅自画像和佛狮咆哮图去探望亲人，捎话说，如果能在菩提树处建一座宝塔，就像自己回家省亲一样。母亲按照儿子的心愿，在菩提树旁建了一座小塔。后人又在小塔的基础上建造了一座高11米的大银塔，并以大银塔为中心扩建成一座寺院，命名为塔尔寺。塔尔寺藏语意为"公本"，即"十

青海塔尔寺宗喀巴大师像

大金瓦殿前的菩提树

宗喀巴童年脚印石（传说）

万佛像"。现在大银塔内还存放着宗喀巴的一尊造像和生前遗物。在寺内，还有他童年留下的脚印石，也是今日僧众虔诚参拜之物。

大金瓦寺的大殿正中有一幅宗喀巴画像，因年代久远，画面模糊不清，仅看得出大致轮廓。相传这幅画像是宗喀巴在拉萨时捎给母亲的自画像。为抚慰母亲思子之情，报答母亲养育之恩，他刺破自己的鼻子，用鼻血和着水绘成这幅画。因此这幅画像被奉为黄教圣物。

在九间殿内，有一块数百斤重的大石头，上面的疤痕据传是宗喀巴幼时脚踏、手抠留下的痕迹。祈祷殿院内琉璃花坛内耸立着一块奇异怪石，称为"憩石"，传说当年宗喀巴之母背水时常倚此石歇息，故名。

法会传佛音

塔尔寺每年都举办四个大法会和两个较小的法会。正月大法会是格鲁派所有寺院都举行的法会，祈祷一年的吉利。塔尔寺正月法会从农历正月初八至十七日，其中以正月十五灯节酥油花展最负盛名；四月大法会从四月初十至十九日，藏语称"对庆松总"，意即三节俱备。四月十五日上午十时在寺前山上晒大佛，非常壮观。塔尔寺共有释迦佛像、狮子吼佛像、宗喀巴像和金刚萨埵像四种，每次晒大佛时只展出一种。晒大佛主要是为防虫蚀佛像，同时供信徒

塔尔寺吉祥宫
阿嘉活佛世系图

塔尔寺的佛事活动

塔尔寺大经堂

塔尔寺晒大佛

们瞻礼。六月大法会从六月初三至初十，纪念释迦牟尼降凡和弥勒佛出世，这期间寺院内所藏宝物都取出来展布。九月大法会从农历九月二十日至二十四日，纪念释迦佛"三转法轮"（意即讲了三次经）。两次规模较小的法会是：纪念宗喀巴圆寂的十月法会，从农历十月二十二日至三十日；农历十二月二十三日至二十七日的年终祈祷，是辞旧迎新的宗教仪式。

塔尔寺是藏、蒙族人民心目中的宗教圣地，虔诚的信徒们把朝拜塔尔寺看作一生中的一件大事。每当法会节日到来，他们便长途跋涉来到塔尔寺，献上金黄的酥油和洁白的哈达，一丝不苟地转着转经筒，在经堂匍匐磕头，瞻拜法会仪礼，领受佛的祝福和护佑。

塔尔寺艺术三绝

塔尔寺是一座艺术的宝库，寺内雕塑享有盛名，但最著名的要数被称为"塔尔寺艺术三绝"的油塑（酥油花）、堆绣和壁画。

塔尔寺酥油花
松赞干布与文成公主和赤尊公主

塔尔寺大经堂帏幔刺绣《十六尊者和四大天王》(局部)

堆绣是塔尔寺独有的艺术品，是刺绣与浮雕的完美结合。其制作方法是先将各种彩缎剪成造型图像，然后在下面垫上棉花或羊毛，绣在大幅布幔上。堆绣艺术品中间凸起，立体感强，画面层次分明，色彩对比强烈，即便在光线较差的情况下，也有较好的艺术效果。作品题材以佛像为主，兼涉佛教传说和僧侣生活，一般不表现大场面。

塔尔寺各殿堂都有壁画装饰，有少量直接绘在墙或栋梁上，更多的是绘在布幔上，再悬挂或钉在墙上。壁画多用矿物质颜料，颜色历久不变。这些壁画题材多取自佛本生故事、神话故事和历史人物故事，采用藏族传统的金碧重彩描法，侧重线条勾勒，富于装饰性。

每年阴历正月十五，塔尔寺都要举行盛大的酥油花灯会，主要内容就是酥油花展览。酥油花的来历据说与文成公主有关。相传一千三百多年前，文成公主与藏王松赞干布结婚时，从京城长安带去一尊释迦牟尼佛像，并在八角街专门修建富丽堂皇的大昭寺供奉佛像。当地人民为了表示对文成公主的热爱和对释迦牟尼佛的膜拜，用酥油塑了一束鲜花，供奉在公主带来的佛像前。后来塑酥油花的技艺在西藏传播开来，形成习俗，并传到塔尔寺。亦有说文成公主带去的这尊佛像没有冠冕，宗喀巴学佛功成以后，在佛像头上献了莲花形的"护法牌子",身上献上"披肩",还供了一束"酥油花","酥油花"由此产生。

　　塔尔寺正月十五灯会据说来自宗喀巴的一个梦。宗喀巴为纪念释迦牟尼,于藏历正月初八至十五日,在大昭寺组织了一次发愿祈祷大会。在此期间,他做了个梦,梦中荆棘变成了明灯,杂草变成了鲜花,无数奇珍异宝五光十色,灿烂夺目。信徒们为了再现祖师梦中的景象,用众多酥油塑造梦境内容。后来相沿成习,形成一年一度的盛大灯会。每到春节前几个月,塔尔寺的艺人们便着手准备。他们把纯净的白酥油揉进各种矿物质染料,在事先扎好的架子上塑造出形形色色的佛像、人物、山川花卉、树木、飞禽走兽、亭台楼

塔尔寺堆绣

塔尔寺大经堂
释迦牟尼诞生壁画

阁等。三九寒天，艺人们在零度以下的环境中工作，双手还要不断地在冰水中浸泡，手热了，酥油就会溶化，无法塑像。因此塑酥油花不仅要有高超的技艺，还要有吃苦的精神。1991年春节，塔尔寺酥油花进京在民族文化宫展出，其中最突出的是一组文成公主进藏大型油塑，由二千多个人物、二十多匹马和骆驼，以及宫殿楼阁、高山大川组成，受到北京人的交口称赞。

喇嘛教的高等学府

塔尔寺是喇嘛教的最高学府之一，"校长"由寺院总法台兼任，由大僧官和总引经师具体管理。下设四个学院，参尼扎仓是学习显宗教义的学院，学习因明、般若、中观、俱舍、戒律等五门课程，学制十五年；居巴扎仓是学习密宗教义的学院，同时也研究"因明"学（相当于逻辑学）；丁科扎仓是学习天文、历算、占卜及工艺的学院；曼巴扎仓是学习医药治病的学院。

学院有严格的考试和升、留级制度，并建立了学位制度。如参尼扎仓的学生学完般若课程，便授予"仁建巴"称号，相当于高中毕业。五门课程全部学完，授予"噶仁巴"称号，相当于大学学士学位。获得"噶仁巴"称号后，在自己住处博览群经，苦心钻研，准

塔尔寺藏大藏经
《般若八千颂》

青海塔尔寺转经轮

乾隆皇帝题赐的"梵教法幢"匾

备报考更高一级学位称号，考试合格后，授予"噶居巴"称号，相当于硕士学位。再苦学十年左右，便可参加最高一级的"多仁巴"称号的考试。获得这一学位的僧人为数不多，一旦拥有，这位僧人便备受尊敬，可以担任各扎仓的法台。

|瞿昙寺|

[宗教圣地花儿会]

瞿昙寺位于青海省乐都县南约21公里的马圈沟口，背依罗汉山，面临瞿昙河。瞿昙即乔达摩，是释迦牟尼的姓氏和尊称。据史书和碑志记载，明太祖于洪武二十六年（1393）特赐寺额"瞿昙寺"，寺因此得名。

寺内51间壁画廊的巨幅彩色壁画堪称艺术珍品。这些壁画面积近400平方米，以连环画形式画出了释迦牟尼从出世到圆寂的一生的故事，诸如"善明菩萨在无忧树下降生"、"净饭王新成七宝衣履太子体"、"佛授记一千年后佛法东流华夏"等。壁画场面宏大，画面景物中，日月、星辰、云雨、山川、树木、花卉、人物、禽兽、殿宇、亭台、楼阁、仪仗、车舆、兵器等应有尽有。画面层次分明，场面宏大，色彩鲜艳，虽历经五百余年依然光彩夺目。

瞿昙寺还以精美的石雕和铜、泥制塑像著称，此外还珍藏有皇帝赐予的玺印、乐器和用具。

朱元璋所赐寺额

然而，最奇特的还是这宗教圣地里的世俗"花儿会"。"花儿"民歌是流行在西北青海、甘肃、宁夏广大地区的汉、回、藏、土、撒拉、东乡、保安等族口头文学形式之一；在青海又称"少年"，演唱"少年"，称"漫少年"。每到农历正月十五、四月八、五月端阳、六月六、八月中秋、九月九，青海高原上都要举行"花儿会"。规模最大的要数瞿昙寺、大通老爷山、互助五峰寺、民和峡门、七里寺等处。"花儿会"上人山人海，盛况空前。不少青年男女通过歌声传情，互订终身。

瞿昙寺花儿会每逢农历六月十五日举行，届时，西宁、湟中、化隆、乐都的歌手云集于此赛歌聚会。一边是漫山遍野的歌声，一边是寺院深处的诵经声，戒律森严的寺庙成了世俗大集会的场所。这种世俗歌会兴起于明代。明之前，这里每年农历六月十五都要举行

青海瞿昙寺

盛大的宗教性质集会活动。明成祖朱棣发布敕谕,将寺院附近的乐都七条沟划为该寺的"香粮"地。农历六月十五,正是"香粮"地即将麦收之际,前来参加收割的善男信女们趁农忙前夕前往瞿昙寺参加宗教集会,久而久之,这些人将生意买卖、杂耍唱戏等人间世俗的东西带了进来,原先的宗教集会便变成世俗的"花儿会"了。

|柳湾墓地|

[柳湾彩陶放异彩]

位于乐都县东门17公里的柳湾墓地发掘于20世纪70年代,距今约二千五百至四千五百年,是我国迄今已知规模最大、保存较好的一处原始社会墓地。至今已清理出墓葬一千七百余座及其他文物近四万件,为研究原始社会晚期青海地区文化历史的发展提供了实物资料。

青海东部原始社会墓葬中曾出土过不少别具风采的彩陶。如1973年大通县上孙家寨一古墓中出土的舞蹈纹彩陶盆,盆周围绕着三组每组五人的手拉手跳舞的女性,装饰兽尾,是一场以狩猎为主的氏族群舞的象征。这件艺术瑰宝,是研究美术史及原始社会史的珍贵资料。柳湾墓地1974年出土的裸人形象浮塑彩陶壶,更属稀世之珍。裸人的造型憨态可掬,巨口硕耳,躯体短小,手脚粗大,在整

青海大通文化遗址出土舞蹈陶盆

柳湾墓地出土
马家窑文化
半山类型彩陶壶

柳湾墓地出土
蛙纹陶器

柳湾墓地出土文物

体布局上有意突出了性器部位和副性征,但又男女难辨,性器兼有两性特征,乳房也有大小两对。它出土以后曾引起学术界对其性别问题和含义进行了热烈的讨论。夸大、突出性特征的裸体造型是原始人比较普遍的一种生殖崇拜表现,原始人认为这种裸体造型的"神物"不仅可以促进人类的繁衍,还能促使作物的增产丰收。这件彩陶上不男不女的裸人当是男女合体的造型。此件文物现陈列于中国历史博物馆内。

|五屯寺|

[五屯艺术的故乡]

五屯寺位于青海同仁县隆务镇,始建年代不详,相传已有三百多年的历史。寺院为藏汉风格结合的建筑。五屯寺的著名在于这里是"五屯艺术"的故乡。据1969年调查,五屯附近成人中能绘画者在百分之九十以上,可见当年鼎盛时期,"户户绘丹青"的景象该有

土族婚礼

多么壮观。

五屯艺术是五屯地区民间艺人在长达五六个世纪的艺术实践中创造的艺术流派,是藏族佛教艺术的重要代表。在同仁县隆务河两岸,坐落着五屯、年都乎、尕赛日、郭玛丑、脱加五个自然村,当地居民世代从事绘画、雕塑工作,其中尤以五屯最为集中,故以五屯命名这一流派。

五屯艺术伴随喇嘛教的兴起而产生。14世纪初,这一带出现了以隆务寺为代表的大量庙宇。17世纪中叶,夏日仓一世派遣大弟子智额伦巴在五屯兴建了两所喇嘛寺,大规模传授绘塑技艺。这两所寺院有一个特殊规定:入院的男子一律都得学习藏文、绘画和雕塑技巧,到成人之年(约十五岁)可选择去留,留院还俗均听自便。这样,待希望离院的人应聘外出时已基本掌握绘塑技巧。艺人们经过不断积累,代代相传,并融合兄弟民族、兄弟国家的艺术技巧,才创造了独具特色的五屯艺术。

五屯艺人的足迹踏遍了青海、西藏、甘肃、四川、新疆和蒙古等藏族、蒙族地区,有的还被邀至印度、缅甸、尼泊尔等地作画,为中外文化交流作出了贡献。

五屯艺术品类繁多，以绘画和雕塑为主。绘画以壁画为主，卷轴画为辅，其特点是重彩工笔，无一笔不精，无一处不妙，造型生动传神，色彩鲜艳；雕塑以泥塑为主，木雕、木刻为辅，题材以释迦、菩萨、护法神等神像或佛经故事为主，造型准确，神采飞扬。

|青海湖|

[青色的湖]

在青藏高原旅行，见惯了一望无际的草原、巍峨雄伟的雪峰群山，突然碧波万顷、浩瀚壮阔的水面涌现于眼前，一种柔情蜜意顿时涌上心头，这便是青海湖的魅力。

灿灿高原明珠

青海湖，是我国第一大内陆湖，也是我国最大的咸水湖。古称"西海"，又称"鲜水"或"鲜海"，汉代也有人称"仙海"。藏语叫"错温波"，意思是"青色的湖"；蒙古语叫"库库诺尔"，意思是"蓝色的海洋"。这一带早先属于卑禾族的牧地，所以又叫"卑禾羌海"。北魏始称"青海"，一直沿用到现在。青海湖是以它命名的青海省的象征。

青海湖东西长，南北窄，看上去宛如一片肥大的白杨树叶。湖的四周为群山环绕，北有大通山，东为日月山，南是青海南山，西是橡皮山。山脚湖畔之间，则是平坦广袤的千里草原。山、湖、草相映成趣，景色绮丽壮美。如果在不同的季节来到青海湖，还会发现随季节的变化它会展现出不同的美。夏秋季节，湖畔山青水秀，辽阔的草原披上绿装，数不尽的牛羊马匹在草地上嬉戏奔跑；水天一色的青海湖，如同巨大的翡翠玉盘镶嵌在群山、草原之间。寒冬季节，群山披上银装，草地枯黄，湖面冰封玉砌，银装素裹，这时的青海湖一改夏日的妩媚柔情，变得威严凛然。

青海湖中有海心山、三块石、鸟岛、沙岛等岛屿。海心山又称龙驹岛，自古以产龙驹闻名。鸟岛位于湖的西部，春夏季节有十多

青海湖

万只候鸟来此栖息产卵繁殖，数量巨大的候鸟云集于此，景象异常壮观。青海湖盛产湟鱼，一般每尾约1斤左右，由于气候高寒，水温低，需要十一二年时间才能长至1斤左右的成鱼。此外，传说湖中有怪兽出没，状似渔船，浮游在湖面。湖怪之谜尚待考察证实。

据地质考察，这里原是一片浩瀚的古海洋，二百万年前，由于地球造山运动，一部分海水被隆起的高山环绕围住，形成大大小小的湖泊，青海湖即是其中一个较大的湖泊。关于青海湖的形成，民间流传着许多优美的传说，更增添了它的神奇与魅力。

悠悠造湖传说

相传很早以前，青海湖只是草原上一口深不见底的大泉，泉眼上有一个很大很重的石盖，常人谁也揭不开。有一年，一个道士带着徒弟路过这里，徒弟觉得口渴，道士告诉徒弟草原中间有一眼泉水，但喝完后一定要盖上石盖。徒弟去喝水时，道士自己先走了一步。徒弟喝完水之后，急急忙忙追赶师父。还没走多远，便听见后面有大水滚滚涌来的声音，才想起没盖石板盖，急忙往回跑，可水越来越大，已经无法靠近泉眼了。那道士见徒弟没赶上来，知道情况不妙，等他赶回，这里已是一片汪洋大海。他急忙挥剑将附近的一座小山拦腰斩断，扔进水中，压住了泉眼。可是水已经吞没了大片的草原和居住在草原上的人们。这样，便形成了青海湖和湖心的海心山。

当地汉族民间相传青海湖是由于二郎神的疏忽造成的。孙悟空大闹天宫时，搅得天庭不宁，惹得玉帝大怒，派出所有的天兵天将捉拿他，可都不是他的对手。玉帝便派二郎神去抵挡，这二郎神也不是对手，被追得无处躲藏，只好逃往凡间。二郎神来到昆仑山下，人困马乏，见旁边有眼泉，便吩咐跟随的童子支锅取水造饭。他自己拾了三块白石头，支起"三石一顶锅"。哪知童子取水后，忘了盖上盖，二郎神刚把锅架在三块石头上，把盐下到锅里，泉水涌出，一片汪洋，淹没了附近的村庄人畜。二郎神慌忙中胡乱在如今柴达木的地方抓了一座山压在泉口上，这座山就是如今的海心山。当时抓山时抓得深了些，抓成了一个坑，柴达木成了一个盆地。孙悟空追到昆仑山，躲在二郎神背后大喊一声，吓得二郎神急急逃命，慌不择路，一脚踢翻了锅。孙悟空在后面紧紧追赶，举起金箍棒一捅，把二郎神背的盐口袋划了一条大口子，漏下一堆又一堆的盐，青海湖畔于是出现了大大小小数不清的盐湖和盐泽。那支锅的三块白石头，就是现在湖中的三块石；锅中倒出的水因为已下了盐，所以湖水至今还是咸的。

也有传说"西海"是小龙王造的：老龙王有四个儿子，等他们都长大了，老龙王决定把大海分封给他们。大儿子分到东海，二儿子分到南海，三儿子分到北海。到小儿子，没海可分了，老龙王对他说：你自己去造一座海吧。龙王小儿子先沿东海飞来飞去，没找到适合造海的地方，便飞到大西北来了。他一看，这地方土地辽阔、宽广，是个造海的好地方，立刻汇集一百单八条河水，让它们朝一处流，水越聚越多，形成了一座碧波浩荡的"西海"。老龙王非常高兴，赏给他一个宝盒。小龙王打开盒盖，向空中一扬，金银珠宝如下雨一般，落进水里、岛上、湖畔，变成了跳跃的湟鱼、飞翔的鸟儿、珍珠般的鸟蛋、晶亮的白盐。

海心山觅龙驹

青海湖畔气候适宜，水草丰美，是优良的天然牧场，自古以来便以产良马著称。早在春秋战国时代，这里所产的马就很出名，称为"秦马"。隋唐时代，经与"乌孙马"、"血汗马"交配改良的良种不仅神骏善驰，而且能征善战。唐代诗人杜甫《高都护骢马行》一诗写道："……此马临阵久无敌，与人一心成大功。……五花散作云满身，万里方看汗流血，长安壮儿不敢骑，走过掣电倾城知。……"竭尽赞美之词来夸耀青海骢马的雄姿与威武。

青海湖中的海心山以产龙驹而闻名，又称为龙驹岛。相传汉平帝时，王莽秉政，曾牧牝马于海心山上，得龙种，能日行千里，称青海骢。隋大业五年，隋炀帝西巡青海，亦置马牧于此，以求龙种。唐代哥舒翰曾在湖上筑应龙城，在岛上养马。这些传说、记载虽然不乏神奇色彩，但反映出青海湖畔产良马的史实。

候鸟的世界

　　青海湖中有一著名景观——鸟岛。它由两座小岛组成,西边的叫海西山,又叫小西山、蛋岛;东边的叫海西皮,两岛之间有一缓坡相连。海西山是斑头雁、鱼鸥、棕颈鸥的世袭领地。到了产卵季节,岛上的鸟蛋一窝连一窝,故又称蛋岛,平时所说的鸟岛主要指此岛。海西皮则是鸬鹚的王国,大大小小的鸬鹚窝巢布满山崖。

　　鸟岛上的鸟大多是候鸟。每年春天,它们成群结队从南方飞来,在这里筑巢。到四五月间便开始产卵,忙着孵卵育雏;九十月间,西伯利亚的寒流开始南侵,幼鸟们一个个都长大了,翅膀也硬了,便随着它们的父母向南飞去,寻找越冬之地。

　　其实,鸟岛作为鸟的世界出现是很晚的事。开始时,岛很小,岛上的鸟也不多。后来,湖水下降,岛的面积才逐渐扩大。1952年,这里只有数千只鱼鸥和几百只斑头雁。70年代末,鸟的数量猛增到十万多只,形成空前奇观。

青海湖鸟岛 (1)

青海湖鸟岛(2)

文成公主过"西海"

青海湖是唐蕃古道上的必经之地,据记载,文成公主入藏即由此经过,民间还相传青海湖东的日月山与倒淌河的形成与文成公主有关。

离青海西宁不远的日月山,因山顶部由第三纪紫色岩组成而呈红色,故古称"赤岭",藏语称"尼玛达娃",蒙古语称"纳喇萨嘛",即太阳和月亮之意。

日月山为祁连山支脉,在青海不算大山,但其名声和地位却不小,其原因主要有两个。一个原因是地理位置的特殊:它是我国外

青海日月山

流区域与内流区域、季风区域与非季风区域、黄土高原与青藏高原、青海省内农业区与牧业区的分界线，同时在古代又是汉文化与吐蕃文化的分界线。唐玄宗开元廿二年（734），唐王朝与吐蕃各派使臣在赤岭划界立碑，并在赤岭设茶马交易市，赤岭遂成为重要的贸易集市。1983年，在日月山牙合附近，发现一块残损的古代石碑，据推测，很可能就是唐代的开元分界碑。日月山东侧的塞上江南风光和西侧苍茫的草原景色反差极大，故古代汉族民间有"过了日月山，两眼泪不干"之谚。

另一个原因是，当年文成公主入藏时不但途经此处，而且留下了美好的传说。相传文成公主一行骑马从西安出发，走了三个半月，才走到青海安多九峰山。文成公主思念亲人，东望长安，在这荒凉的高原频频回首，不忍前行。藏王使者禄东赞是个足智多谋的人，知道文成公主"思乡"不前。于是问她："公主殿下，您远嫁藏王，想必父母送您不少珍贵礼物吧？"公主说："东西可真多，除百工六艺，还有各种粮食种籽，其中最有价值的是用父王金库中最贵重的红金和白金制成的太阳和月亮，一再吩咐要在拉萨建一座唐蕃和好的吉祥塔，把金日月放在塔顶……"禄东赞看了用生牛皮裹着的金日月，好言安慰了公主。当晚就让随从用石头日月镀上金粉，悄悄调换了公主的金日月。过了几天，文成公主在九峰山顶又回首遥望长安，久久不能前行。禄东赞说："公主啊，在这儿祭奠日月恩谢唐王再好不过了，快把金日月拿出来供奉吧！"公主很高兴，打开箱子，拿出牛皮口袋，里面却是一对石头日月；公主思乡之心顿时冷落下来。禄东赞乘机说:"嗨!做父王的也太不痛惜自己的女儿了,也不该用石头冒充金子呀!"文成公主又羞又气,顺手就把石头日月摔在脚下,于是在这安多九峰山前就陡然长出了高高的日月山,挡住了公主东望长安的视线,公主也就策马前行,坚定了西去的志向……

日月山下有两条河流,一条是东流汇入黄河的湟水,一条是顺山势向西而下流入青海湖的倒淌河。我国地势西北高、东南低,故河水一般由西向东流,向西流的河比较少见。倒淌河全长42公里,此河并无奇异之处,惟因西流倒淌而名。河水西流,引起人们无尽遐思:有人说它是西海龙王的一根倒须变的,有人说是文成公主思乡的泪水落地流淌成河。流传最广的是这样一则传说:文成公主入藏路经青海湖时,见湖水干涸,草木枯黄,牛羊瘦弱,心中十分难过。她派人四处寻找可以引入湖中的水源。好不容易找到一条河流,但离湖又太远。文成公主有一面日月宝镜,在镜中能与父母亲人相会。她忍痛割舍与父母相会的机会,将日月宝镜往地上一竖,万道金光过后,在青海湖东南角矗立起一座峻峭的日月山,阻挡住东流的河水,使它朝西流入青海湖,形成倒淌河。

后人为了纪念文成公主,在日月山上建立了日、月亭。

日月山月亭

第三编 黄河、长江源之旅

昆仑山

[神宫仙苑 三江之源]

　　黄河发源于巴颜喀拉山,它是昆仑山的支系;长江正源发源地虽然不属于昆仑山系,但水系却与昆仑山有密切的联系。因此人们

昆仑山口

昆仑山

把昆仑山称为"江河源"。

昆仑山西起帕米尔高原,向东逶迤延伸。由于它高峻峭拔、神秘莫测,自古以来人们为它编织了无数动人的神话。

琼华瑶台西王母

《山海经》等古籍描述,昆仑山上有一座庄严华丽的宫殿,是中央大帝黄帝的行宫,由人面虎身九尾的天神陆吾和一些红色凤凰管理。行宫东北400里有一个悬挂云间的大花园"悬圃",悬圃下面有条清凉的"瑶水",在昆仑山间汇成"瑶池",瑶池旁的石洞住着女神西王母；还有瑶台十二重，乃琼华之阙、光碧之堂。昆仑山顶峰到处金雕玉饰，遍地奇花异草，有吃了果子就可以长生不老的"不死树"等等，周围有"弱水"环绕。

千百年来，神幻的昆仑山使多少人为之心驰神往，为之浮想联翩。唐代诗人李商隐《天题》想像仙宫的场面：

紫府仙人号宝灯，云浆未饮结成冰。

如何雪月交光夜，更在瑶台十二重。

另一位诗人许浑甚至梦中登上昆仑山，在凌云宫室中与仙人许飞琼饮宴。他的《记梦》诗描述梦中的情景：

晓入瑶台露气清，座中唯有许飞琼。

尘心未尽俗缘在，十里下山空月明。

《西游记》里王母娘娘在瑶池开蟠桃会、《白蛇传》里白素贞上昆仑山盗仙草等情节更为昆仑山增添了迷人的色彩。

三江源头母亲河

青海地处青藏高原的东北部，地形分为高山、丘陵和盆地三个阶

唐古拉山下的牧场

梯,西高东低。莽莽的昆仑山几乎盘踞其全境,它的三大支系——祁连山、巴颜喀拉山、唐古拉山错落呼应,巍峨连绵。长江、黄河、澜沧江三大水系就发源在这环抱交错的群山之中。

水,是生命之源;水,是文明之源。

尼罗河、恒河、幼发拉底河、长江、黄河……没有哪一个文明的发祥不是以水作为母体的。因此,古国的先民对养育自己的河流无不充满感激和崇敬,甚至尊其为圣水、神灵。而当人们获得了科学意识之后,追寻母亲河源头的寻根之旅又有了新的意义。

|黄河源|

[天边何处是河源]

"黄河之水天上来,奔流到海不复回。"这是唐代大诗人李白诗篇《将进酒》里的名句。它勾勒出黄河粗犷的雄姿,展现了黄河磅礴的气势,也表达多少人对黄河源头的神思遐想。

现在人们已经知道,黄河发源于青海省中部的巴颜喀拉山北麓各姿各雅山下的卡日曲河谷和约古宗列盆地,分南北二源。主源南源卡日曲穿过100多公里的峡谷,在巴颜禾贝山与约古宗列曲会合,

青海黄河源头

黄河源头牧牛人
张广

注入玛曲。"玛曲"，藏语意为"孔雀河"，因古宗列盆地泉眼众多，如孔雀开屏，故名"孔雀河"。藏族人民将其视为吉祥之水。玛曲东流16公里进入星宿海，再经过扎陵湖、鄂陵湖、阿尼玛卿山麓，一路奔腾流向大海。

黄河，古称河，又叫浊河或中国河。很早的时候，人们就开始了在黄河源区的活动和对黄河源头的寻找。《山海经》记载："河出昆仑墟，色白，所渠并千七百，一川色黄"，"昆仑墟在西北，河水出其东北隅"，"出其东北隅者实惟河源"。《博物志》也记载："河源出星宿，初出甚清，带赤色，后以诸水注之而浊。"这些记载表明了当时人们的积极探索。但在古代，由于自然环境的复杂和人们认识所限，"黄河何处是源头"却是一个难解之谜。

相传，尧舜时代黄河壅塞，大禹为治水曾沿河上溯，到过上游

斑斓季节
刘万年

积石山。《尚书·禹贡》载:"导河积石,至于龙门。"孔传:"施功发于积石,至于龙门,或凿山,或穿地,以通流。"积石山即今阿尼玛卿山,又称玛积雪山,为昆仑山支脉。黄河至此绕山穿谷。旧时,山上建有"神禹庙",以纪念传说中大禹治水的功绩。宋代苏轼有《黄河》诗曰:

活活何人见混茫,昆仑气脉本来长。
浊流若解污清济,惊浪应须动太行。
帝假一源神禹迹,世流三患梗尧乡。
灵槎果有仙家事,试问青天路短长。

又传,汉武帝时,张骞奉命寻河源,曾乘槎直上天河。《天中记》卷二引南朝梁宗懔《荆楚岁时记》载:"汉武帝令张骞使大夏(在今阿富汗北部),寻河源。乘槎经月而至一处,见城郭如州府,室内有一女织,又见一丈夫牵牛饮河。骞问:'此是何处?'答曰:'可问严君平。'织女取支机石与骞而还。后至蜀问君平,君平曰:'某年月日,客星犯牛女。'支机石为东方朔所识。"依此记载推测,因大夏与河源相距遥远,张骞当时并未到达实际的黄河源头地区,但传说却给黄河源头增添了更多神秘色彩。唐代刘禹锡《浪淘沙》九首之一曰:

九曲黄河万里沙,浪淘风簸自天涯。
如今直上银河去,同到牵牛织女家。

史载更具现实性的黄河探源,还是在唐代以后。唐贞观初,大将李靖所部副将侯君集、李道宗为破当时西北部族吐谷浑,曾驻军黄河上游星宿海、柏海(今扎陵海、鄂陵湖),得观河源。《旧唐书·侯君集传》记载,其时,吐谷浑寇边,太宗"命李靖为西海道行军大总管,以君集及任城王道宗并为之副",靖使君集、道宗趋南路,"行空虚之地,盛夏降霜,山多积雪,转战过星宿川,至于柏海,频与虏遇,皆大克获。北望积石山,观河源之所出焉"。侯君集、李道宗所驻的星宿川，即今星宿海，为一东西长约30公里、南北宽10余公里的草滩沼泽，草滩上密布无数个大小水泊，晨光暮色中犹如无数颗星星闪烁，故名星宿川（海）。黄河源头之水流经星宿海，化为个水泊，流出相连清水，难辨为源为流，故常被误认为河之源。贞观十五年（642），唐文成公主嫁往吐蕃，吐蕃赞普（国王）松赞干布亲往河源地区迎接；长庆二年（821），唐使刘元鼎出使吐蕃，也曾专门考察过黄河源。

元至元十七年（1280），女真人都实奉元世祖忽必烈之命查勘黄河河源。他考察的经过由潘昂霄据都实弟弟阔阔出所言撰成《河源记》。据该书记载，是年，世祖忽必烈欲穷河源，乃授都实招讨使，佩金虎符以行。都实四月至河州（今甘肃省临夏县境内），循河而上，翌年还都，谓："河源在吐蕃朵甘思西鄙，有泉百余泓，或泉或潦，水沮洳散涣，方可七八十里，且泥淖溺，不胜人迹，逼观弗克，旁履高山下视，灿若列星，故名火敦恼儿。火敦，译言星宿也。群流奔凑，近五七里，汇二巨泽，名阿刺脑儿（即今扎陵湖、鄂陵湖），自西徂东，连属吞噬，广轮马行一日程。"依此记载，都实西至星宿海（火敦恼儿），并亲自勘察了星宿海下的扎陵湖、鄂陵湖（阿刺脑儿二巨泽）的范围，最后认为星宿海即河源。

清代，由于黄河中下游多次洪水泛滥，清廷曾先后派专使拉锡和阿弥达探河源，以告祭河神。康熙四十三年（1704），拉锡来到星宿海，只见"小泉万亿不可胜数"。他再从星宿海往上走了两天，发现其上有三山，三山之泉聚成三条河，东流入扎陵湖，于是对黄河源头有了进一步认识。乾隆四十七年（1782），阿弥达西逾星宿海300里，对三条河进行了实地勘查。他们在星宿海西南勘查了阿勒坦郭勒（蒙古语"阿勒坦"为黄金，"郭勒"为河，即今卡日曲）及其上游的石峰"阿勒坦噶达素齐老"（蒙古语"噶达素"即北极星，"齐老"即石头），认为这座石峰顶上的有流泉喷洒而下汇成"阿勒坦郭勒"的天池是黄河之源。这是我国历史上第一次勘明黄河的真正源头。

新中国成立后，为了彻底治理黄河，组织力量对黄河源头进行了数次比较全面的勘查，正式确认了黄河之源。黄河之源分为南北二源,南源卡日曲(藏语意为"红铜色的河")是正源,它位于巴颜喀拉山北麓的各姿各雅山下,源头是五条从山坡切沟流出的小泉,最初的河道不过是一条宽约1米、深不到1米的潺潺小溪,沿途接纳大大小小的支流,逐步汇成一条宽约10米、深1米多的小河。北源约古宗列曲距雅合拉达合泽山约30公里。藏语"约古宗列"意为"炒青稞的锅",是一个东西长约40公里、南北宽约60公里的椭圆形盆地,内有100多个小水泊,其中有一个面积为三四平方米的泉眼,喷涌出清澈的泉水,汇合盆地内无数涓涓细流,逐步形成一条宽约10米、深约半米的潺潺小溪——约古宗列曲。

|扎陵湖 鄂陵湖|

[白蓝宝石金链牵]

黄河流过星宿海,继续向东流20多公里,便被巴颜郎玛山和错尔尕则山所阻,形成了黄河源头第一个巨大的湖泊——扎陵湖;然后又经过一条长约20公里、宽约200多米的峡谷,分九股流入第二个湖——鄂陵湖。

藏民帐篷

扎陵湖和鄂陵湖，古时合称"柏海"，又分别叫"查灵海"和"鄂灵海"，意为"白色的长湖"和"蓝色的长湖"。扎陵湖面积526平方公里，平均水深8.6米，最浅的地方不到2米，水色微微发白；鄂陵湖面积618平方公里，平均水深17.6米，最深的地方可达30多米，水色清澈碧绿。黄河水流经两湖，站在高处远远望去，就像一条金链系住白蓝两颗晶莹闪亮的宝石。

两湖湖水澄碧，游鱼可见。其中的无鳞裸鲤，当地俗称湟鱼，以肉嫩味美扬名。湖中有鸟岛，栖息着大雁、棕颈鸥、赤麻鸭等20多种候鸟。湖滨地域辽阔，芳草鲜绿，是天然的牧场。盛夏时节，天空碧蓝如洗，时不时飘来一片片洁白的浮云。蓝天白云之下，连绵起伏的青山与湖水交相掩映，天鹅、大雁、野鸭在湖面上飞翔嬉戏，牛羊点点，如一颗颗珍珠在翡翠上缓缓滚动……此情此景，令人心醉。

扎陵湖和鄂陵湖很早就留下了人类的足迹。根据史籍记载，秦汉之际，古羌人就在这一带放牧，他们饲养的牦牛、绵羊、马等颇有名气。东汉桓帝延熹年间，护羌校尉段颎率部与羌人大战，曾经到过这里。唐贞观九年（635），西海道行军大总管李靖使侯君集、李道宗等率军"达柏海上"。贞观十五年（641），唐朝文成公主嫁往吐蕃，唐太宗派礼部尚书、江夏郡王李道宗持节护送，吐蕃赞普松赞干布率兵至柏海筑馆迎候公主。文成公主抵达后，李道宗以皇叔的身份在柏海的行馆为松赞干布和文成公主主持了隆重的婚礼。之后，两人在这里度过了最初的甜蜜生活。接着，松赞干布便带着文成公主翻过巴颜喀拉山，渡过通天河，逶迤前往吐蕃。

公元1984年六七月间，一支"唐蕃古道考察队"曾在扎陵湖南岸"周毛松多"地方的一个小山包发现一处古建筑遗址，很可能就是当年松赞干布所筑的行馆遗址。城堡依山势削山而筑，系内、外城结构，主要以石片、石条等为建筑材料，与唐代石城堡建筑特点类似，又具有吐蕃风格，是一座汉藏建筑形式相结合的建筑物。城堡的城墙原基、城门、瞭望台等多存，城墙则大部分颓倾。

阿尼玛卿山

[圣山神族]

黄河穿过扎陵湖和鄂陵湖向东南30多公里,流经黄河源头的第一个县城——玛多县城(玛多意即黄河源头),再往东南便流到阿尼玛卿山山麓。

阿尼玛卿山是昆仑山的支脉,海拔6282米,终年积雪。晴朗的夏日远远望去,犹如水晶玉石雕塑一般。山上不同高度分布着不同的植被:山脚水草丰盛,花团锦簇,是天然的牧场;山麓河谷,可种植春小麦、青稞;往上至海拔3800米,生长着云杉林、圆柏林;海拔3800米至4000米,是金露梅、山柳、杜鹃灌木丛。山野林中还

藏地经幡

生活着雪鸡、白唇鹿、雪豹等。山上气候多变，往往在一个短暂的时间内便会连续出现阴、晴、雨、雪等现象。

阿尼玛卿山也是藏族人民心目中的神山。他们传说，阿尼玛卿山乃"斯巴侨贝拉格"即开天辟地九大造化神之一，是这九位由父、子组成的神中的第四兄弟。父亲"吾德岗拉山"位于西藏境内，是藏传佛教黄教始祖宗喀巴诵经修道的仙山圣地，阿尼玛卿山掌管"安多"（由巴颜喀拉山脉主峰"安欠多拉"或"多拉让莫"简称而来，泛指黄河源两岸广大地区）河山的沉浮。也有人说阿尼玛卿山是雪卿"博卡瓦金"的二十一座神圣雪山之一——十地菩萨。

在藏语中，"阿尼"（确切读音是"阿米"）是安多藏人对俗世先祖老翁的称呼，"玛卿"是藏族古代氏族部落的姓氏之一，意为"幸运"、"巨大无比"、"雄伟壮丽"等。人们传说，阿尼玛卿山神居住在宫殿里，这座宫殿水晶的院壁、金银的瓦顶，无比豪华富丽。他有妻子多杰智金玛阿确木卡赛娃娜（山峰名），左右大臣龙保哥让、哥通智格（山沟名），随从管家尼尔娃掌吉夏格（山峰名），儿媳赛格吾玛（山峰名）等；有九男九女，还有"玛日尔"亲族360位（周围环绕的大山头），忠实的侍从、卫士1500个（周围起伏的大小山岗）……人们还传说，阿尼玛卿山神身躯魁梧，体格健壮，头发又粗又黑，双眼闪射出流星一样的灵光。他一旦发怒，似瀑布飞泻，似火山爆发。他骑着一匹白色的骏马，在云间游巡。人们在对他的祈祷词"桑侨"中这样描述他：

噢——！
您凌厉威严神圣的阿尼玛卿，
您驾乘雪白色的骏骑，
座骑展出洁白的翎翅，
我呼唤，您雷电般倏忽回转的威力……

信仰阿尼玛卿山神的人们，逢年过节或每月初一、十五，就用香柏叶、青稞炒面、酥油等物来此举行"煨桑"祭祀仪式。每逢藏历羊年或神门"尼果"、雪门"岗果"融开的一年，人们便怀着虔诚

虔诚
南海岩

第三编 黄河、长江源之旅

之心携带行装、灶具和食物，从四面八方赶来朝山。他们或徒步或骑马骑牦牛绕山一周，才算尽了自己的心意。在朝山途中，有一处狭窄的洞口，据说是"阴曹关"，有些人能顺利通过；如在洞口被卡阻，便被认为是有难难逃。还有一处从岩石缝隙中垂伸出一块角状石头，据说是"阴曹的秤杆"，过往的人必须双手紧握向上挂吊，称一下自己的重量。夏秋时节，还会从冰山裂口处传出悦耳的声响，据说这是神仙在敲击金钟和操弄各种乐器，演奏"吉祥如意曲"。其实，这只是冰层运动冲泻的潜流发出的复杂声音。

阿尼玛卿山在汉文古籍里称"积石山"，传说当年大禹治水时施功始于此山。旧时山上曾建有"神禹庙"，以纪念大禹的功绩。

|黄河第一曲|

[千里一曲]

黄河绕着阿尼玛卿山西麓向东南流，经达日、久治两县，流到索宗寺附近时，由于被岷山山脉所阻，北折西转；流过四川松潘草地、甘肃玛曲平原以及青海河南、同德、兴海、贵南、共和等县，又绕着西倾山脉反折向东流去，经贵德、尖扎、化隆、循化等县入甘肃境内，形成了一个大S形，流程1000多公里，人称"九曲黄河第一曲"。唐代诗人高适《九曲词》曰：

铁骑横行铁岭头，西看逻逤取封侯。
青海只今将饮马，黄河不用更防秋。

"黄河第一曲"流经的区域，有高峻的雪山，有陡峭的峡谷，更有辽阔的草原，在这些地方流传着不少山水传说。绿茵如毯的果洛草原一座草山上，兀立着两块巨石，远远望去，略低的一块好像一个人弯腰倾身，欲呼欲号；较高的一块又宛似一个人翘首远眺，注视着前方的玛积雪山，望眼欲穿。人们相传，这是两位"加毛"（藏语"汉族姑娘"）在等待她们的情人——两位藏族兄弟。相传在远古时代，冷酷的雪山之神为了显示自己的威严，放出凶恶的护山白狮侵害人类。两位英俊、勇敢的藏族兄弟决心为民除害，杀死白狮。一天夜里，他俩同白狮展开了殊死搏斗。雪狮张着血盆大口，向他俩扑来。在这紧急关头，两支金箭突然从雪山飞来，射死了白狮。兄弟俩取出金箭，金箭突然变成两位肌肤如玉、美貌如仙的汉族姑娘，她们自我介绍原是玛积雪山的两块石头，被兄弟俩为民除害的精神所感动，化作金箭前来助战，现在白狮已经死了，她俩得赶在山神未醒之时回原地。藏族兄弟舍不得她俩，哥哥便对姐姐唱道：

你像那青天高又高呀，
我是日月顺着你来绕呀，
你像那黄河长又长呀，
我是鱼儿随着你来游呀！

弟弟也对妹妹低声唱道：

我想变成一串玛瑙，
日夜贴在你洁白的胸前；
我想变成一面镜子，
天天都能看见你美丽的脸。

姐妹俩也舍不得兄弟俩，便对他俩说，要想使自己留下来，兄弟俩必须在天亮以前从雪山上偷走雪山之神的两把金剑。兄弟俩便不顾疲劳，迅速向雪山进发。可是他俩刚刚爬上玛积雪山，就被山神发现，山神一翻身把他俩压死了。两位姑娘等呀等，盼呀盼，天亮了，太阳出来了，她俩等不来自己的情人，永远变成了两尊青石，洒下的带血的泪水化为一颗颗鲜红的鹅卵石，铺满了草地。

这一片土地，在漫长的历史进程中还是多少俊杰竞技的大舞台。战国时期，河湟（湟水）流域羌人首领无弋爰剑被秦国俘虏，他逃回后与一位受过劓刑的"劓女"结合，教河湟羌人耕稼技术，使这里的农牧业有了初步的发展。西晋太康年间（280—289），生活在东

蜿蜒流淌的黄河.

北地区的鲜卑慕容氏首领慕容廆的异母兄长吐谷浑,因草场与慕容廆发生争执,吐谷浑率部西迁另创基业。至吐谷浑之孙叶延时,在今共和县境内修建伏俟城作为都城,正式立国。叶延以他的祖父名为国名,史称吐谷浑国。吐谷浑国鼎盛时疆域东起今甘肃南部,西到今青海柴达木盆地乃至新疆东南部,南面深入到今川西北,北面到祁连山麓,所谓"东西三千里,南北千里";疆域内有鲜卑人、羌人、氐人、戎人等,立国长达350年。在中原王朝的迭变更替中,吐谷浑曾力求与南朝通好,与北朝相安,与隋朝联姻,与唐蕃密切交往。吐谷浑有几位君长很有作为,如阿才,不仅开疆拓土,"兼并氐羌数千里,号为强国",而且同时与中原地区南北对峙的两方政权睦邻修好,求得安定的外部条件,使吐谷浑休养生息,得到生存和发展。公元423年,他派使者到建康(今南京)与南朝宋修好,接受宋封赠的"浇河公"的称号。临终时,他让他的十个儿子折箭,以十支箭分开易折、合起来难折的道理,比喻团结的力量不可战胜。这个故事广为流传,成为千古佳话。故事中的箭,在青海省土族中被当作"护法神箭"一直供奉着。今共和县铁卜加还有其都城伏俟城遗址。城略呈方形,东西长220米,南北宽200米,墙基宽17米,高12米。在城内的中轴线两侧,有几组建筑遗迹仍然隐约可见。城内偏西处有一长、宽各约70米的小方城。城外尚有用砾石筑成的外郭。外郭的北墙已被河水冲毁,完整的南墙长达1400米。这种城内有城、城外有郭以及中轴线为基础的建筑布局,反映了汉式城郭形制的基本特点,又颇具民族风格,体现了吐谷浑文化的多元性。

　　北宋时期,吐蕃赞普后裔唃厮罗被地方上层拥立,在河湟流域建立政权。公元1015年,唃厮罗派使者到汴京(今河南开封)与宋修好。宋王朝封唃厮罗为"宁远大将军、爱州团练使",后又授其"检校太保充保顺、河西等军节度使"。唃厮罗之后,其子孙后代相继执政,历时近百年。唃厮罗政权统辖范围达到"黄河之曲直,西成都数千里,北占河湟间二千余里,河湟间有鄯、廓、洮、渭、岷、叠、宕等州"(李远:《青唐录》)。当时唃厮罗政权的首府青唐城(今西宁)成为中西贸易的重要场所。由西域高昌经青海湖滨东来的商人,以及由中原地区西去的商人,大多集中于青唐城进行交易,居民中也有很多人从事商业,市场比较繁华。宋王朝也多次与唃厮啰政权进行茶马瓦市,中原地区与河湟流域经济文化交流频繁。

唃厮啰政权适应了当时饱受战乱之苦的河湟地区各民族人民过安定生活的愿望,有较大的影响。现代一些学者把他与藏族史诗《格萨尔》联系起来,认为他是格萨尔的原型之一。而青海省也是《格萨尔》广泛流传的地区,并有不少关于格萨尔的遗址。在同仁县保安乡有一座尖山,靠近山尖的斜坡上有一缺口,如被箭射缺一般。当地藏民传说,格萨尔当年与敌人作战时,因敌人埋伏于山后,格萨尔特地将山射缺,以利射杀敌人。当时藏民称此山为"箭口山",过去常在这里射箭比武,并以格萨尔射缺山坡的故事互相勉励。离"箭口山"不远的隆务河边,有一块巨石,石上有一个巨人坐印,人们传说该坐印是格萨尔在那里坐了以后留下的痕迹,称该石为"坐印石"。

|循化文都|

[班禅大师的家乡]

黄河第一曲流经青海的最后一个县是循化撒拉族自治县,境内的文都是十世班禅额尔德尼·确吉坚赞的家乡。

文都,又名边都,藏语意为"牛犊山上部",很早以前就是藏族聚居地。据史籍记载,早在宋末元初,西藏地区的吐蕃名宦昆氏家族的一支即迁来青海黄南地区,其中有位名叫阿丹的,因其"坚定之良智"、"公正慈祥"深得部民爱戴,成为一方之主。到明太祖朱元璋时,阿丹的后裔赏思古被封为边都沟地区(即文都)世袭百户,管理当地七寨藏民。自明至清,阿丹的后裔一直臣服于中央王朝,守护属地,贡马易茶,同内地各族人民建立了友好关系。民国时期,阿丹后裔继续担任这个地区的头领。1937年12月,九世班禅洛桑土登·曲吉尼玛在青海玉树地区圆寂。根据世代相传的规矩,扎什伦布寺的专使从西藏出发,辗转千里,最后在青海省循化县文都沟茂玉村阿丹家族中寻访到九世班禅的转世灵童。他俗名叫贡保才旦,1938年2月3日诞生于此地一个藏族农民家庭,1941年被班禅行辕堪布

班禅
额尔德尼·确吉坚赞

会议厅认定为九世班禅的转世灵童,1944年被接往青海塔尔寺供养,1949年经国民党中央政府批准继任第十世班禅,1949年8月10日在塔尔寺举行坐床典礼,圣僧给他取法名为班禅额尔德尼·确吉坚赞。

　　班禅老家坐落在茂玉村中心,高墙大院,古树掩映。庄廓内分三部分,呈"品"字形,先是外院,有停车场、仓库等;其后并排两院,左是家庭成员住宅,右是盖有藏式两层楼房三面的正院。楼上,北是经堂,西是会客室,东是卧室,梁栋门户油漆彩绘,古雅庄重,富丽堂皇。经堂檐下正中有巨匾一方,上镌"河源须弥"四字,两边的对联是:"九曲安禅爱国早传拒房;八荒向化护教所以宁邦"。此匾和对联为1983年10月1日"乡谊"为恭贺班禅新居落成而敬赠的,词意恰如其分地反映了班禅在维护祖国统一、反对外敌入侵、加强民族团结方面的卓越贡献。

长江源

[不竭的固体水库]

从黄河源向南翻越巴颜喀拉山,就到了长江源。

我国第一大河长江,发源于唐古拉山脉的主峰各拉丹冬冰峰姜根迪如冰川。各拉丹冬,藏语意为"高高尖尖的山峰",是一片南北长50多公里、东西宽30公里的冰川群,共有50多条巨大的冰川。它们有的像塔林,有的像剑丛,鬼斧神工,美不胜收。冰塔林中,有千姿百态的冰柱、冰笋、冰桥、冰洞;冰川群下,还有许多冰斗、冰舌、冰湖、冰沟等。它们是不竭的固体水库,是长江的源头。

长江,古称"江",也叫"大江"。很早以来,人们就在寻找它的源头。战国时成书的《尚书·禹贡》有"岷山导江"的说法,把发源于岷山的嘉陵江、岷江当作长江的上源;成书于汉魏之间的《水经》也有"江源于岷"的记载。一直到公元1641年,明代旅行家徐霞客溯金沙江而上,跋山涉水到川、滇等地进行实地考察,才发现金沙江是长江的上源。他写了《江源考》,推翻了《禹贡》、《水经》等书的错误说法。但他未能继续上溯,也未找到长江的真正发源地。公元1720年,清康熙皇帝派专使经黄河上游勘察长江上游,专使对通天河地区的水系山脉作了粗略的描述,感叹这一带河流密如蛛网,难以寻找出正源,只能说"江源如寻,分散甚阔"。

新中国成立以后,1956年8月,长江水利委员会会同电力部门组织人员到曲麻莱等地进行查勘,发现长江分南北两源:南源为穆鲁乌苏河,发源于唐古拉山北麓;北源为楚玛尔河,发源于可可西里山南麓。1977年,由长江流域规划办公室等单位组织长江源考察组,再次对长江源头地区进行实地考察,确定了长江的真正源头是唐古拉山北麓各拉丹冬冰峰西侧的姜根迪如冰川。

长江源头的景色奇特壮观,冬季是冰雪的世界,山上山下,银铸玉塑。夏日冰雪消融,雪线下天然草原花草如茵,牛羊成群,还有野牛、野驴、马熊、黄羊、藏羚羊、雪鸡等珍禽异兽。

源远流长的长江

长江源头鸟瞰

通天河

[神牛喷水成天河]

长江从各拉丹冬冰峰姜根迪如冰川发源后,接纳无数冰川融水和小小溪流,形成沱沱河。沱沱河东流至囊极巴陇附近,接纳了当曲、布曲、尕尔曲等河水,汇合成通天河。

通天河,顾名思义,就是直通天上之河。古籍《曲园琐记》记载:"通天河相传为天河下游。"通天河古代又称"犁牛河"或"牦牛河",当地藏族群众亦称它为"直曲"即"牦牛河"之意。相传,很早以前,天上玉皇大帝喂着一头神牛,常用来驮运东西。这头神牛体大角犀,浑身长着又长又厚的绒毛,所以起名牦牛。牦牛特别爱吃鲜草,一次它驮着东西来到玉帝后花园,一见里面又绿又嫩的仙草,忍不住大嚼起来。玉帝得知后大怒,飞起一脚将它门牙全部踢落,并罚它下界,限它三天内吃光昆仑山的青草。神牛下到昆仑山,看到这里山高水少,青草又低又矮,三天无法啃尽,只好如实禀告。玉帝一气之下,将它变为石头打入昆仑山。神牛变成石牛,倒也安然自在,但它看到这里缺水少草,心里总不是滋味,便从鼻子里喷出两股清水,流向这里的山岗草原。这两股水汇成通天河,昆仑山麓变成花草鲜美的天然牧场。沱沱河与当曲汇合处,至今还有一尊形似巨牛的大青石,据说就是神牛变成的石牛。

隆宝滩

[黑颈鹤之乡]

通天河西南,有一块世界鸟类专家向往的地方,这就是高原珍禽黑颈鹤以及斑头雁、棕头鸥、雁鸥、赤麻鸭、秋沙鸭、雪鸡等禽鸟的乐园——隆宝滩。

隆宝滩大约长20里,宽6里,滩上溪流纵横交错,把地面切割成许多块孤立的小岛;岛上杂草茂盛,生长着许多两栖、爬行软体小动物,但野兽却为水所阻,欲进不能。故这一带及过往禽鸟都选

藏氂
吴作人

中了这处"世外桃源"栖息活动。其中驰名中外的黑颈鹤，据1979年青海省农林厅考察，当时全国共约百余只，而隆宝滩就有47只。

黑颈鹤是世界上15种鹤类中最稀有、最珍贵的品种，与大熊猫、金丝猴同为国家一类保护动物。它每年春季从贵州威宁草海、云南中甸纳帕海飞来繁衍后代，11月份又飞去那些地方越冬。这种鸟腿高、颈长，头顶有一点红色，颈、翅、尾及腿为黑色，背略显褐黑，其余灰白。单腿翘立时，有如婷婷玉立的少女；鸣时，声音壮若号角，弱似洞箫；舞时，婀娜多姿，妩媚动人。据说人类很多舞姿借鉴了"鹤舞"。地群众相传，这种鸟善识一种"接骨石"。有人骨折时，可乘孵窝的黑颈鹤离窝之际，将窝中鹤蛋划上黑圈，母鹤归来以后误以为蛋壳开裂，便会飞往远方衔回"接骨石"，放在窝里"接蛋"，人们再设法偷取此石用以接骨，据说效果很好。相传此鸟通人性，曾对人发誓："我不喝清明节的水，不糟踏庄稼，你们也别打我。"故当地藏民称之为神鸟，严加保护。

|格尔木|

[戈壁新城]

往长江源旅游，不少人都是乘坐飞机、火车或汽车先到格尔木，再从格尔木沿青藏公路南线进入长江源地区。

格尔木位于柴达木盆地中南部，海拔2830米。格尔木是蒙语，意为"河流密集之地"。古代，这里是"白兰羌"部落游牧的地方。唐代，吐蕃从西藏北上出入安西四镇（龟兹、疏勒、于阗、焉耆或碎叶），来回经此地。清初，蒙古族厄鲁特部进入青海，清政府曾在这里设台吉乃尔旗。1949年新中国成立前后，这里仅散居着蒙古族、藏族、哈萨克族牧民800多人。辽阔的戈壁、草原上，柽柳、杂草丛生，黄羊、哈熊出没，除了散落着星星点点的牧民帐房以外，连一间土木结构的房屋也没有。

格尔木是随着青藏公路的修筑和柴达木盆地的勘探、开发而崛起的。1953年，幕生忠将军率领由战士、民工组成的筑路大军，历尽千辛万苦,以大无畏的英雄气概征服昆仑天险,克服气候严寒、空气稀薄、海拔5000米以上生命禁区等一连串巨大困难,从格尔木至拉萨1200公里,仅用了7个月零4天就全线打通,创造了奇迹。北线工程——敦(煌)格(尔木)公路也同时打通。至此,两条公路像两条金色的飘带撒落在青藏高原上,被藏族同胞称为"地上的长虹,幸福的金桥"。

青藏公路于1954年全线初通以后,经过8年分段改善,12年分段改建,12年全面改建,成为一条线路标准化、桥涵永久化、路面黑色化的现代运输线。1979年9月,青藏铁路一期工程由西宁铺轨到格尔木,1983年5月正式通车,格尔木成为祖国内地通往西藏的门户,成为进藏物资最大的中转站。西藏自治区在这里设有庞大的办事和供应机构,每年进藏物资的80%以上从这里运进西藏。2001年,青藏铁路二期工程开工,格尔木又成为二期工程的起点,迎来更繁忙的日子,更火热的生活。同时,随着柴达木盆地的开发,盐化、石油化学工业的发展,格尔木又成为我国西部的正在崛起的重要的化工城。

格尔木以青藏高原特有的奇异风光吸引着国内外游客,高原湖泊、温泉、戈壁、草原、帐房、牛羊、昆仑雪山构成了格尔木地区一道道亮丽的风景线。格尔木市有十景:万丈盐桥、江源冰川、一步天险、昆仑山口、石台喷泉、盐海玉波、昆仑雪景、海市蜃楼、瀚海日出、冻土冰丘。"万丈盐桥"长32公里,在格尔木南60公里处,其实是一层厚厚的盐壳。"桥"面平坦、光滑、笔直,"桥"下是察尔汗盐湖的液体矿,青藏铁路和青藏公路都从桥上经过。江源冰川即长江发源地各拉丹冬山南侧的姜根迪如大冰川。"一步天险"在格尔木市北50公里处的昆仑桥附近,水流湍急的格尔木河把河床穿凿成一个极险峻的峡谷。峡谷深约40米,绝壁相对,谷顶狭窄,最窄处不足1米。

从格尔木沿青藏公路南行,所经地区虽然平均海拔近5000米,但因"远看是山,近看是川"的高原特点,并不觉得交通险阻。陈毅元帅于1956年4月率中央代表团赴藏,途中曾赋《昆仑山颂》诗曰:"峰外多峰峰不存,岭外有岭岭难寻。地大势高无险阻,到处川原一线平。"道出了高原这一特点。沿线不但有冰川，有清泉，还有温泉。温泉热气腾腾，白雾缭绕，有很好的医疗作用。遍地的奇花异草，悠悠游动的野生动物群，使人们感到雪域高原的蓬勃生机。雪莲端庄挺立，绿绒蒿争奇斗艳，龙胆花竞相怒放，还有"唐古特报春花"、雪灵芝等野花千姿百态、五彩缤纷，形成了一片花的海洋。天上雄鹰、秃鹫高高盘旋，长嘴百灵声声啼鸣，还有号称"雪山之王"的雪豹，名贵的雪鸡、猞猁，笨拙的棕熊，敏捷的白唇鹿等，而野驴、野马、野牦牛及一群群的黄羊更到处可见。人们称唐古拉地区为"世界屋脊"上的动物王国，它当之无愧。

第四编 拉萨之旅

拉 萨

[雪域圣地　日光之城]

西藏自治区首府拉萨位于西藏中南部，雅鲁藏布江支流拉萨河北岸，是座有一千三百多年历史的古城。拉萨，藏语意思为"圣地"或"佛地"，汉文古籍历史上使用过"逻娑"、"逻些"、"拉撒"等名称。这里因阳光充足，又有日光城之称。

拉萨建城始于公元7世纪初吐蕃部落第32世赞普（国王）松赞干布时期。据藏族史书记载，一千三百多年前，这里是一片沼泽地，中央有湖泊，叫吉雪卧塘，属苏毗部落领地。公元7世纪初，原居住在山南雅隆河谷的吐蕃部落崛起，盛极一时。到了第32世赞普松赞干布时，完成了统一西藏、正式建立吐蕃王朝的大业。一个夏日，松赞干布在吉曲河（拉萨河）中沐浴。他抬头眺望，只见远处两山（红山和药王山）突兀而起、巍然耸立，附近水草丰茂，景色十分优美。他毅然决定，把王都从加玛明久林迁到吉雪卧塘。迁都后，松赞干布迎娶了尼婆罗（尼泊尔）赤尊公主和唐朝文成公主，并开始建城。相传，文成公主懂天文地理及五行等学说，根据她的建议，首先用白山羊背土填湖建寺庙。在藏语中，山羊音为"惹"，土音为

西藏阳光　田黎明

"萨",寺庙建成后,人们便以"惹萨"(山羊背土或山羊之地)命名。

又传,早在吐蕃王朝刚刚建立的时候,天神就派遣了一只金山羊,专门替松赞干布寻找建立圣城的地方。金山羊跑了藏南,跑了藏北,始终未发现合适的地点。一天,金山羊跑到一个叫加若的地方,卧下休息,跟在金山羊后面的人以为它选中了这里,就报告了松赞干布,准备在此处建都。谁知金山羊只是打了个盹,醒来以后又继续向前走。走啊走啊,一直走到一个叫吉雪卧塘的地方,突然发现一种世人不易觉察的神光灵气。金山羊确认这就是建都的地方,于是报告给松赞干布。松赞干布决定在此建都,开始破土动工先建

高耸入云的经幡

旋转舞动的经幡

灵光四射的经幡

拉萨河桥上的经幡

寺庙。金山羊又驮土垫塘，立下大功。寺庙修成以后，人们在其顶端塑上金山羊的像，将它永远供奉，并把寺庙取名"惹萨"。

此后，由于寺庙在当时王都荒原上特别突出，具有象征意义，人们又把这一名称赠给整座都城。当时汉文把"惹萨"音译为"逻娑"，故在汉文史书中称拉萨前身为"逻娑"。建成的寺庙吸引了各地善男信女前来朝佛，在人们心目中，"惹萨"已成佛居圣地，于是，"惹萨"又逐渐演变成"拉萨"。当年，在建造"惹萨"（清代更名大昭寺）的同时，还仿唐朝格式建造了小昭寺，居民和前来朝佛的信徒又围绕大昭寺建起不少住房和旅店，遂形成以大昭寺为中心的八角街雏形。松赞干布又在红山扩建宫室（今布达拉宫的前身），拉萨城逐渐形成。

拉萨名胜首推布达拉宫，它是一座宫殿式宗教建筑群，依山而建，辉煌壮观，宫内存明、清两朝的诏书以及佛教文物等。此外的名胜还有八角街大昭寺、郊区哲蚌寺、色拉寺以及市西罗布林卡公园等。

西藏以其佛教的昌盛，自古被称作"小西天"。在拉萨，人们可以充分领略小西天的风貌：前来大昭寺磕长头的人流日夜不断；布达拉宫香客云集；哲蚌寺、色拉寺信徒摩肩接踵；寺庙众多，成为西藏最豪华富丽的建筑。1737年，西藏地方政府申报清廷理藩院，光藏传佛教（喇嘛教）格鲁派便有寺庙3477所，僧侣三十余万，还不包括其他教派的寺庙（如宁玛派、萨迦派、噶举派等教派）。如今，无论身处深山野岭、峡谷溪涧，还是密密森林、莽莽草原，都可听到佛寺里悠扬的钟声。

　　1300多年前，雪城高原的人们信奉本教———一种原始宗教。公元5世纪吐蕃王国第二十八代赞普拉妥妥日聂赞时期，佛教开始传入西藏。7世纪，唐朝文成公主和尼婆罗赤尊公主从东西方带来释迦牟尼佛像，佛教始祖从此"进入"高原。不久，出现昌珠寺、大昭寺、小昭寺等西藏最早的寺庙。一个世纪后，吐蕃第三十六代赞普赤松德赞请尼婆罗高僧菩提萨埵和天竺高僧白马穷乃（莲花生）在山南桑耶修了"桑耶寺"，并亲自选派七名贵族子弟进寺为僧，他们成为西藏第一批剃度出家僧人。赤松德赞还聚集印藏译师，翻译了大量佛经，寺庙、僧人逐渐增多。这一时期，藏史称为佛教的"前宏期"。9世纪中期，朗达玛登上赞普宝座后，实行灭佛政策，摧毁寺庙，封闭法台，强迫僧人还俗，致使佛教遭到毁灭性打击。朗达玛死后，佛教才慢慢恢复。当时奴隶主各霸一方，佛教各教派遂应运而生。最早出现的是宁玛派，以莲花生为祖师爷，由于此派穿红袈裟，戴红帽子，俗称红教。11世纪，马尔巴创立噶举派，此派僧徒穿白裙子和衬衣，故称白教。昆·贡觉杰布首创萨迦派，因其寺庙墙上涂有红、白、黑三色，俗称花教。13世纪，萨迦派的八思巴被元朝政府封为帝师，统辖西藏，开始了西藏地方政教合一的局面。这时，寺庙恢复，僧人猛增，香火兴盛，为佛教的"后宏期"。

　　政教合一后，由萨迦派、噶举派掌握统治权。由于当权的活佛、喇嘛和许多教徒不守清规，使佛教声誉受到很大破坏。这时，佛教信徒宗喀巴从青海来到西藏。他分别拜萨迦、噶举等派的高僧为师，取各派之长，创立了新教派格鲁派（黄教），掀起了宗教变革运动。宗喀巴主张教徒严守戒律，不准追求利禄权势，禁止僧人娶妻生子，并建立念经修习制度等。1409年，宗喀巴在乃东王族资助下，创建了黄教祖寺——甘丹寺，不久，其弟子又建起哲蚌寺、色拉寺，这便是著名的拉萨三大寺。黄教势力日盛,很快成为西藏佛教最大的教派。1643年,格鲁派的罗桑加措(五世达赖)得到固始汗的扶持,在哲蚌寺的"噶舟颇章"(兜率宫)建起格鲁派政权。五世达赖又受到清朝皇帝的册封,政教合一制度进一步实行。不久,五世达赖从哲蚌寺搬到布达拉宫,西藏也逐步变成佛教的天下。

[佳节盛会 歌舞海洋]

拉萨是佛教圣地,又是歌舞的海洋。生活在那里的藏族人民能歌善舞,感情奔放。城市里,草原上,经常可以看到人们边唱边跳的欢快场面。特别是逢年过节,人们更狂欢极乐,尽情歌舞,通宵达旦。雪顿节、望果节就是两个除藏历年以外最热闹的节日。

雪顿节

每年六月底、七月初,是拉萨藏族一年一度的雪顿节。"雪"在

西藏雪顿节寺庙晒大佛

吹法螺号的僧人

藏语中为酸奶子之意,"顿"是"宴"的意思,雪顿节即吃酸奶子的节日。后来,雪顿节活动的内容逐渐演变为以藏戏会演为主,故又称"藏戏节"。这个节日在日喀则叫"色本钦颇",时间稍晚。

17世纪前,"雪顿"活动是种纯宗教活动。按照佛教法规戒律,夏天有几十天禁止出家比丘出门。到开禁的日子,他们纷纷出寺下山欢乐玩耍,世俗百姓要准备酸奶子施舍给他们。这就是最早的"雪顿"活动。17世纪中叶,清朝先后正式册封五世达赖和四世班禅,西藏政教合一制度得到加强,形成了固定的雪顿节,并开始演藏戏,宗教活动遂与文娱活动相结合。"晒佛"也是节日的重要内容。初时,以达赖母寺哲蚌寺为中心,故称"哲蚌雪顿节"。其后,五世达赖从哲蚌寺移居布达拉宫,每年六月三十先在哲蚌寺进行藏戏会演,次

拉萨藏族舞蹈

日到布达拉宫演出。18世纪初达赖夏宫罗布林卡建成，雪顿节活动又移到罗布林卡，并允许平民入园看藏戏。活动安排一般为：藏历六月二十九日，各地藏剧团先到布达拉宫报到并进行简单的仪式表演，然后赶到罗布林卡向达赖致意。六月三十日，在哲蚌寺演藏戏。七月一日，由拉萨、日喀则、穷结、雅隆、堆龙德庆、尼才等地的四个剧团、六个"扎西雪巴"（一种藏戏）戏班子、一个牦牛舞班子和一个"卓巴"（打鼓舞）班子在罗布林卡联合演出。七月二日至五日，再由江孜、昂仁、南木材、拉萨等四个地方的剧团轮流各演一天广场戏。噶厦政府全体官员要集中到罗布林卡陪达赖看戏，中午设宴，席间吃酸奶子。

西藏寺庙酥油供品

西藏寺庙佛灯

现在的雪顿节，除了进行藏戏会演外，还有其他各种专业和业余文艺团体参加演出。此外，罗布林卡内外摆设各种摊棚，进行物资交流。其时，拉萨市民几乎倾城而出，在此搭起漂亮的帐篷或帷帐，带上点心、糖果、奶制品、青稞酒、酥油茶等，小住二三天，看戏玩耍。

望果节

望果节是藏族人民预祝农业丰收的节日。藏语中，"望"是"田地"之意，"果"是"转圈"之意，"望果"即"转地头"。望果节流行于农区，时间在谷物成熟之际，无固定日子。以前约定俗成于"鸟王"大雁南飞的季节到来之前，现在拉萨从阳历8月1日开始，江孜、日喀则在7月中旬，节期三五天不等。

望果节最早流行于雅隆香布地带。据《本教历算法》等资料记载，公元前5世纪末，为确保粮食丰收，藏王布德贡杰向本教教主请求赐以教旨，教主根据本教教义，教农人绕田地转圈以祈天。这就是最早的"望果"。本教统治时期，活动以村为单位，全体出动。前面由捧香炉和举幡杆的人引路，接着由本教教主举"达达"（绕着哈达的木棒）和羊右腿领队，意为"收地气"，求丰收，后面跟着拿青稞穗和麦穗的农民。绕圈后，把谷物穗插在谷仓或供在神龛上。随后，进行角力、斗剑、耍梭标等娱乐活动，最后是群众的歌舞。8世纪后期以后，佛教在西藏居于统治地位，"望果"活动遂成传统节日，渗入更多的佛教色彩，如在游行队伍前举佛像，背经文；娱乐活动也增加了赛马、射箭、唱藏戏等内容。现在，宗教仪式大为减少，文体活动更加丰富。

|大小昭寺|

[二昭同竣工　唐蕃结良缘]

拉萨大昭寺、小昭寺相距约1公里。两寺同时建成，均为佛寺，所供之佛像还曾对调过。

汉藏合璧

大昭寺在拉萨市的八角街,坐东朝西,占地约2.5万平方米,有佛殿、经堂、原西藏噶厦政府机构等。主殿居中,厅堂环绕。八条街以寺院为中心向八方射去,显得错落有致,协调统一。

寺院建筑风格为汉藏合璧,浑然一体。主殿为内院式,采用了汉族的梁架、斗拱、藻井、飞檐等古典建筑形式。一、二层的梁柱间、门框上,饰满了飞天、走兽、珍禽、花草等浮雕和彩绘。殿顶是具有藏族特色的鎏金铁皮殿顶,人们习惯称为"金顶"。金顶外观为重檐歇山式,颇似内地宫殿;殿顶则饰以宝瓶和法轮。檐角吊挂

大昭寺
观世音菩萨壁画

大昭寺金顶的金轮瑞兽(金轮是佛教"八宝"之一,象征吉祥,守卫在法轮两旁的瑞兽,西藏人称为"神麟",一公一母,母者无角,公者独角。)

的悬铎下,是一块块小巧的藏文经板;柱头檐部的装饰色彩艳丽、对比强烈,呈典型的藏族风格。内廊一、二层初檐和重檐之间,饰有一排排木雕伏兽和一百零八尊人面狮身像,又具西域特色。主殿内供奉着当年文成公主带进西藏的释迦牟尼佛像,两侧厢殿有松赞干布、文成公主及赤尊公主造像;殿堂、廊道的内壁遍绘有关佛典中的掌故和传说,西藏重要寺院和宫殿,以及"文成公主进藏"、"修建大昭寺"等历史事件的壁画。寺内还保存着自7世纪以来的各种典籍、档案、乐器,及唐丝织佛像、元大银灯、明珍珠佛衣和金灯等珍贵文物。

史载,寺院始建于647年、松赞干布迎娶赤尊公主和文成公主后,至今已有一千三百多年历史。后经元、明、清历代修整拓建,形成现在规模。

白羊驮土

藏史记载,大昭寺一带原为沼泽,中央为湖泊,称为"吉雪卧塘"。633年,雅隆河谷部落第32世赞普(国王)松赞干布完成统一吐蕃的大业后迁都至此,建立吐蕃王朝。639年,松赞干布迎娶尼婆罗赤尊公主;641年,迎娶唐朝文成公主。当时,松赞干布忙于征战,无暇顾及新都建设,文成公主入藏后,暂住卧塘旁沙地上,所带释迦牟尼佛像也屈居于柳林帷幔中。传说,文成公主观察天文地貌,认为所居沙地是龙头之门,需建寺庙以镇之。松赞干布同意后,由赤尊公主主持工程。赤尊公主择沙地东南兴建寺基,不想白天建好后,晚上却纷纷倒塌。文成公主又运用阴阳五行方法细加观测,发现吐蕃地形如一仰卧的罗刹女,不利国运,应填土以塞其血路,建庙以镇其心脏,并提出用白山羊背土填湖。于是,工程重新开始,白山羊成群结队,往来运土。648年,寺庙终于建成。

现大昭寺东南角有石雕大自在天王一尊,西南角上有石雕大鹏鸟,西面有石塔,北面有石狮,各从不同方向朝外看,确实体现了"驱除地煞"的意味。在主殿一侧有扇小门,门内有眼深井,是当年大昭寺填湖而建的证明。据说井底便是原湖底,当年填湖填到只剩这一井之地,就怎么也填不住了。于是,只得叠木筑井,在井上建寺。

大昭寺既有浓郁的藏族韵味，又融进大量汉族建筑技艺精粹和西域风格，显然是文成公主和赤尊公主带来的众多能工巧匠的贡献。

相传建造过程中，松赞干布亲自挥斧上梁，惊动九天之神，纷纷前来相助。一天，女仆送饭到此，发现上下全是松赞干布，大吃一惊，赶紧回去禀告赤尊公主。赤尊公主将信将疑，来此一看，不禁惊叫。松赞干布听见一怔，执斧的手一偏，把承檐的人面狮身像的鼻子削去半边。所以，我们所见到的一百零八个人面狮身像都是扁鼻子。

神仙恋情

大昭寺里，有位端庄善良的女神白拉姆。据传她与护宝神赤尊赞相爱。白拉姆的妈妈、护法神班旦拉姆知道后，就残酷地惩罚他俩。她把赤尊赞驱赶到拉萨河南岸奔波日山上，只许在每年藏历十月二十五日隔河相望。拉萨的妇女们同情他俩，每年这天，她们都穿上节日盛装，早早涌进大昭寺，在白拉姆神殿顶礼膜拜，祈求幸福。然后，喇嘛抬出白拉姆神像放在木轮车上，沿八角街缓缓行进。行至与奔波日山的赤尊赞庙正相对的夏扎贵族府第门前，喇嘛们就把白拉姆神像抬下来，让她面对拉萨河南岸与恋人相望，然后送回大昭寺。据说，这时白拉姆脸上会显得十分忧愁，一次还落下了相思之泪。

唐柳盟碑

大昭寺前，有一株现已枯萎的高大柳树。枯柳老干虬枝，在阳光下泛着阵阵白光，颇具神秘色彩。传说，此树是当年由文成公主和松赞干布亲手栽种，故称"唐柳"或"公主柳"。也有说，此树是文成公主带到吐蕃的释迦牟尼佛像的头发落地而生成的，故又称"释迦发"。千百年来，藏族人民一直把它当作藏汉缔亲的历史见证而加以精心保护。尽管它在十多年前即枯死，但人们舍不得挖去，在它旁边又插植几株嫩柳，象征藏汉情谊续写出新的篇章。

"公主柳"前，排立着三通石碑，最引人注目的是"唐蕃会盟碑"。碑呈扁柱形，上有顶盖，高342公分，宽82公分，厚35公分。立于

大昭寺唐蕃会盟碑

唐朝长庆三年、吐蕃彝泰九年,即823年2月14日,为纪念唐朝和吐蕃最后一次会盟而立。因唐文成和金城两位公主先后与吐蕃赞普缔结姻好,当时吐蕃尊唐为舅,自称为甥,碑文也强调唐蕃结成舅甥关系,故又称"舅甥会盟碑"。

　　自松赞干布娶文成公主后,吐蕃历代赞普对唐朝皇帝以外甥自居。7世纪以来,唐朝国力强盛,吐蕃也成为唐朝西部最强大的藩国。吐蕃虽与唐朝联姻,有时也难免有边境摩擦。9世纪初,赤祖德赞继位时,吐蕃因内部分裂,势力大减;唐朝也因安史之乱,由盛转衰。因此,双方统治者都有意结盟,永归于好。821年唐穆宗李恒登基,吐蕃赞普赤祖德赞派使臣伦纳罗等赴长安表示祝贺并请盟,唐穆宗同意。当年9月,唐宰相及大臣共17人与吐蕃使团会盟于长安西郊,接着唐派大理卿刘元鼎为会盟专使,随伦纳罗入藏。822年5月,双方在拉萨设盟坛,达成最终协议。823年,树立石碑作为永久纪念。碑文用藏汉两种文字镌刻:"舅甥二主商议社稷如一,结立大和盟约,永无渝替;神人俱以证知,世世代代使其称赞。……务令百姓安泰，所思如一，成久远大善，再续旧亲之情，重申邻好之义。……彼此不为寇敌，不举兵革，不相侵谋封境。……"2月14日举行盟碑落成典礼，唐派太仆寺少卿杜载率使团参加。拉萨倾城而出，隆重庆祝。

大昭寺是全国朝拜信徒最多的一座佛教寺庙。每天，川流不息的虔诚信徒们来到寺前广场，小心翼翼地脱下藏靴，面朝寺门，双手合十，默默祈祷片刻，进而下拜，直至全身仆地、额头触土，然后起身再拜。据说，有的老人为了表明对佛的虔诚，在来大昭寺的途中边走边拜，从早到晚，连拜十多天，甚至几十天。过去，达赖的受戒、拜经师等仪式，要在大昭寺举行；每年一次的魔难木法会期间，达赖要移居大昭寺，主持传召大典，给僧众讲经。

两像对调

小昭寺是在建造大昭寺的同时，由文成公主自长安等地召来木工塑匠，仿唐格式所建，用以供养自己带来的释迦牟尼像。寺坐西朝东，据说是文成公主思唐之故。大殿占地2100多平方米，共3层，底层前为经堂，后为佛殿，顶层设金殿一座。藏语称小昭寺为"甲达绕木契（惹毛切）"，"甲达"意为"汉人的"，"绕木契"意为"大院子"，后为黄教格鲁派上密院的修法之地。历史上曾几经火焚又修复，原来面目已不多见。

文成公主出嫁吐蕃前，曾向唐皇请以释迦本尊为陪嫁，唐皇许之。当公主一行来到拉萨城北时，安置释迦牟尼像的车陷入沙中，怎么也拉不出来。于是公主就在释迦牟尼像周围立四柱，悬白锦帐供养之，后即在此建小昭寺以供释尊。佛教故事说，两寺竣工那天，诸佛、菩萨、护法等散花加持，颂吉祥言，释梵天众下曼陀罗天花雨，诸帝子天女抖动宝幡、宝幢、璎珞、宝幔，奏天鼓、笙、锣钹、小鼓等，当地臣民欢歌乐舞，极盛一时。

初时，大昭寺供养赤尊公主带来的释迦牟尼像，小昭寺供养文成公主所带佛像，后作对调。关于此事的经过，较为流行的说法是：松赞干布死后，唐蕃关系一度紧张。652年，松赞干布孙子芒松芒赞即位后不久，汉藏之间发生战事。芒松芒赞听说唐要派兵进藏，便

大昭寺释迦牟尼像

将文成公主带来的释迦牟尼像移至大昭寺,藏于明签南门内,并堵门画上妙音菩萨作伪装。六十年后唐蕃重新和好,金城公主来到西藏,才把佛像迎至大昭寺主殿供养。此佛像移至大昭寺后,赤尊公主带来的佛像遂搬至小昭寺供养。

|布达拉宫|

[相等帝释美妙宫　普照世间光明中]

　　拉萨古城之西的红山上,有座西藏现存最大最完整的古代宫堡建筑——历代达赖喇嘛的冬宫布达拉宫。红山也叫布达拉山,"布达拉"是梵语观音圣地"普陀洛迦"的藏语音译。相传佛教徒认为,此地可与观音圣地"普陀洛迦"媲美,可比作第二个殊胜的"普陀洛迦",故名。

围绕布达拉山还有很多传说。相传,布达拉山为观音菩萨所在之山,藏族的始祖猕猴被女魔引诱、求为婚媾时,曾来此向观音菩萨启请,得观音允许后才回洞与女魔结为婚姻,婚后生下六只小猴,逐渐繁衍成藏族先民。藏王松赞干布十三岁继承王位后,欲建宫于布达拉山之顶,于是来到这里,见到山岩上因受观音菩萨光照而自然显现的六字真言(嗡嘛呢叭咪吽),当即沐浴净身祈祷,感六字真言放出五彩之光,照向对面山岩上自然现出的观世音菩萨、救度母、马头金刚等佛像上,佛像又放射出光芒照向六字真言,形成光鬘交织、灿若虹霓的奇观。松赞干布遂请来尼婆罗(尼泊尔)工匠,于山岩自然现出佛像处,雕出精细清晰的菩萨佛像和六字真言,在红山修建起华丽的王宫,将妃眷等渐次迁来居之(参见《西藏王统记》、《西藏王臣记》等)。

布达拉宫由红山南麓奠基,依山坡天然形状蜿蜒而上,直至山顶。主楼13层,高117.19米,东西长420米,南北宽300米,面积约13万平方米。有房屋近万间,其中宫殿、灵塔、佛殿、经堂、僧

西藏布达拉宫经书

宫殿凌云的布达拉宫

高高台阶，
犹如登天之路

舍、平台、庭院等一应俱全。宫内珍藏着大量雕塑、壁画和明清两代的敕书、印鉴、礼品、匾额以及佛像、唐卡、经卷、法器、供器、珠宝等。布达拉宫以墙上粉饰的红白颜色分为红宫、白宫。五座宫顶覆盖鎏金瓦，宫宇叠砌，气势雄伟，壮丽辉煌，在国内外享有盛誉。三百多年前，五世达赖喇嘛罗桑嘉措有诗赞曰：

相等帝释美妙宫，罗刹王威城相同。……纯金成幢焰火洪，普照世间光明中，日神含羞从夜台，跃向北州遁虚空。四面梵天观诸方，何宫堪与此比长？徒劳无获永久劫，有漏乐中睡未央。

其意为：布达拉宫像三十三天界的帝释宫一样美丽，像鬼神之王的城堡一样庄严。宫顶上金幢的光辉胜过太阳，普照世间，日神含羞，乘黑夜逃往北方。四面梵王观望诸方，想寻找座宫殿与布达拉宫比短长，结果徒劳无获，只能永远轮回下去。

　　布达拉宫历史悠久。据《西藏王统记》记载，6世纪时，雅隆部落第二十七代赞普拉脱脱日年赞，曾"居拉萨红山顶"。7世纪初，松赞干布迁都拉萨，"筑王宫于红山顶居之"。之后，又建一大城堡及红宫、扎拉吉祥越量宫，两宫之间"连以铁桥"。可惜，先后遭雷击、兵燹，大部毁坏，仅剩法王洞和超凡佛殿等处。17世纪，黄教（藏传佛教格鲁派）首领五世达赖喇嘛罗桑嘉措在西蒙古和硕特部酋长固始汗武力扶持下建立噶丹颇章政权，他的经师赤钦、江求群培等人建议重建布达拉宫作为"王宗"，以号令全区。1645年3月25日举行开工典礼。重建时拆毁了吐蕃王朝时期的古遗址，保存了法王洞和超凡佛殿，并以此为中心向东西兴建白宫，三年竣工。其后，五世达赖喇嘛受清朝皇帝册封，获政教合一的首脑地位，遂从哲蚌寺搬到这里。从此，布达拉宫不仅是地方政权所在地，而且是西藏佛

布达拉宫大佛

教最大的活佛驻地,成为人们顶礼膜拜的圣地。1690年,即五世达赖喇嘛圆寂后第八年,始建五世达赖灵塔,扩建红宫。至1693年4月,主体建筑竣工并举行落成典礼。以后,不断增修扩建,形成当今规模。

[红宫供灵塔　白宫行大典]

红宫的主体是历世达赖的灵塔殿和各类佛堂。达赖死后,用盐涂抹其尸使之脱水,再涂香料,干枯后,把尸体放进塔内,就是"灵塔"。现宫内共有灵塔殿八座。五世达赖的灵塔殿为第一座,也是最大的一座。其塔高14.85米,金皮包裹,珠宝镶嵌,被称为"赡部洲惟一庄严",仅包金就耗费黄金十一万余两。两旁衬以八座银质佛塔。

曲吉竹普与松赞干布

在布达拉宫里,最古老的建筑是法王洞(藏语称"曲吉竹普")。法王洞为初建布达拉宫时所建,传说松赞干布曾在此居住过。殿堂内有松赞干布、文成公主、赤尊公主和禄东赞等人的彩塑。松赞干布的塑像双目前视,炯炯有神,两撇八字胡,使这位雄才大略、统一高原的一代英王更具灵气,更显威严。

公元6世纪,西藏高原群雄经过长期的争斗兼并,逐渐形成了三个比较强大的部落:象雄、苏毗、吐蕃。当时,象雄疆域最大,势力最强,苏毗其次;而吐蕃最弱,不得不称臣于苏毗。栖息活动于雅砻河谷的吐蕃部落,王位已经传到第三十代首领达日聂司,他是松赞干布的祖父。他当的是一个饱受屈辱的首领,他的妹妹在苏毗做人质,充当苏毗王的侍女,吐蕃每年还要向苏毗交纳贡税。后来,苏毗王因企图削弱各大贵族势力而引起内乱,几个苏毗将军投奔了吐蕃,共谋反掉苏毗王。达日聂司和他们暗地结盟,但没等起事就病死了。他的儿子朗日伦赞继续父亲的事业,一切准备就绪以后与苏毗将领里应外合,突然向苏毗王发动进攻。苏毗王猝不及防,仓惶逃命。朗日伦赞占据了原属苏毗的吉曲河流域,在这里建立了加麻明久林宫殿,并在宫殿里迎来了儿子的诞生,即以后叱咤风云的

布达拉宫红宫金顶

布达拉宫白宫

第四编 拉萨之旅

松赞干布。

然而,大好形势也埋伏下了隐患。朗日伦赞征服苏毗后,对那些从苏毗投奔过来的将领——赏赐——封官,而冷落了原来身边的廷臣"父氏六臣和母氏四臣",引起他们的极度不满。小王子松赞干布十三岁那年即公元629年,父王朗日伦赞"被进毒弑而薨逝"。悲愤的松赞干布继位赞普,他以极大的勇气迎接旧贵族的挑战,开始复仇,"对进毒为首者诸人断然尽行斩灭,令其绝嗣"。他——平定内乱,稳定局面,然后,这位过早成熟的年轻赞普就着手于建立统一霸业的进程。

松赞干布首先对强大的象雄展开了婚姻外交,将自己的妹妹赛玛葛嫁给象雄王列木夏,又迎娶象雄王的公主李图曼。象雄王帮助他平定了内部纷争,保护他度过了最初的随时都会被颠覆的日子。

布达拉宫
松赞干布像

布达拉宫
文成公主像

几年以后,他羽翼渐丰,终于吞并了象雄,完成了统一大业。

　　成就霸业的松赞干布放弃了使他睹物伤情的加玛明久林,选择了无论是地貌还是气候都更适宜的红山建立新都。之后,松赞干布又把目光投向南边的邻国尼婆罗(尼泊尔)。他带领军队向南征战,蹚出了一条"尼婆罗风暴"之路,但征服未果。以后,他又被这个国家的文明所吸引,于公元632年派遣婚使迎娶了这个国家的赤尊公主,也迎来了佛教文化。接着,强盛的大唐又引起松赞干布极大的兴趣,他又一次施展婚姻外交,派使者向唐皇求婚,然而却遭到拒绝。他被激怒,率兵北征,打垮吐谷浑,攻破大唐松州(今四川松潘)。大唐不得不认真对待,调集大军双方再战,吐蕃败北。但大唐经此也开始考虑改变对吐蕃的政策。当吐蕃使者禄东赞奉千两黄金、玉瑰金甲再次前来求婚时，情况有了变化。据《旧唐书·吐蕃上》记载，禄东赞道："若不许嫁，则兵伐唐都，如蒙见允，则汉藏和好，永息烽烟。"于是"唐主上下咸为震惊，遂则许之"。贞观十五年（641），唐太宗令礼部尚书、江夏郡王李道宗持节送文成公主赴吐蕃。松赞干布率众于柏海（今青海鄂陵湖、扎陵湖）迎接。"见道宗，执婿礼恭甚，见中国服饰之美，缩缩沮沮。……叹大国服饰、礼仪之美，俯仰有愧沮之色。""及与公主归国，谓所亲曰：'我父祖未有通婚上国者，今我得尚大唐公主，为幸实多。当为公主筑一城，以夸示后代。'遂筑城邑，立栋宇以居处焉。"松赞干布为文成公主所筑之宫殿，即在今拉萨布达拉宫所在的红山上。文成公主及其随行人员带来了汉族碾磨、制陶、造纸、酿酒等工艺及历法、医药，也带来了唐朝的礼仪文化、佛教文化，吐蕃成为当时融会多种文明的强大王朝，松赞干布的霸业也达到顶峰。

在松赞干布塑像的两边，居右是文成公主，居左是赤尊公主。文成公主塑像显得高洁、肃穆。她入藏的故事充满传奇色彩。

据说，当时向大唐公主求婚的，除了吐蕃王以外，还有天竺法王、大食富王、格萨武王、英俊昌王等。唐太宗便出了五道难题来考验各国使节，哪国使节胜出公主就嫁给哪国国王。吐蕃使节禄东赞智力过人，赶在别人前面将难题一一解决。第一道难题是用丝线穿九曲瑰玉，禄东赞把丝线缚在蚂蚁身上让它穿孔而过；第二道难题是杀一百只羊吃完羊肉，熟好羊皮，再喝一百坛酒，其他使节或撑直了或累趴了或醉倒了，禄东赞让随从们慢慢边吃边喝边熟皮子同步完成；第三道难题是认出一百匹母马和一百匹马驹之间的母子关系，禄东赞先将一百匹马驹关住只喂草料不给水喝，第二天放出马驹就各自跑到自己母马那里吸奶去了；第四道难题是辨认一百根头尾一样粗细的木头的头与梢，禄东赞把木头都放进水里，木头就头沉尾翘辨出来了；第五道难题是辨认夹在三百个穿戴一样的美女中间的公主，禄东赞事先请教了一位服侍过公主的老奶妈，知道公主眉间有颗朱砂红痣，从而顺利认出。唐太宗很赏识禄东赞的聪明能干，答应他为藏王迎娶文成公主入藏，并封他为右卫大将军，还欲送琅邪公主的外孙女段氏与他为妻。禄东赞婉言谢绝："臣本国有妇，父母所聘，情不忍乖，且赞普未谒公主，陪臣安敢辄娶。"禄东赞请得文成公主入藏的史事在西藏人民中间传为佳话。布达拉宫的达松格廊东壁，就绘有禄东赞入长安求婚图。

法王洞上层是超凡佛殿，藏语称"帕巴拉康"，为布达拉宫最神圣的殿堂，里面主供帕巴·洛桑夏燃佛，相传为松赞干布的本尊佛像。据说松赞干布建造布达拉宫时，"心自思维：'我于此有雪边地，利益众生，应当修建一本尊佛像'"。他准备派自己化身前往，"刹那之顷，由王眉间白毫光，化一比丘（和尚）"。化身比丘来到天竺、尼泊尔之境，见到"一大森林，中有哈日旃檀树干，十方放射光芒"，即以斧伐旃檀，迎出瓦底、乌康、甲马利、圣喀萨巴里（洛桑夏燃）四尊佛像。洛桑夏燃像称："我将往西藏有雪邦内，为藏王松赞干布本尊。"由于这个传说，这尊佛像深得教徒们的信仰，一直为布达拉宫主供佛。

文成公主抵达拉萨，受到热烈欢迎。她和她的随行带来了医学、历算书籍、佛经、佛像、蔬菜、谷物的种子、骡、马、骆驼、羊，还有建筑、酿酒的技术，大唐的音乐、舞蹈等。藏族群众用她带来的水磨粉碎青稞，又省劲又快捷；用她和侍女传授的纺织、刺绣工艺织、绣氆氇、毯子、毡垫，产品实用美观。人们真挚地热爱她，他们用民歌唱道：

> 今天文成公主来西藏，
> 狮子进了大森林，
> 孔雀落在大平原，
> 不落的太阳高高升起，
> 西藏从此幸福太平……

司西平措与五世达赖

灵塔殿之东的大殿，藏语称"司西平措"，为五世达赖享堂，面积约680多平方米，是红宫最大的宫殿。四壁为五世达赖一生的传记壁画，东壁突出地绘有1652年他赴京觐见清顺治皇帝的情景。

五世达赖喇嘛罗桑嘉措，生于1617年，六岁时被僧众迎至哲蚌

布达拉宫藏五世达赖觐见清顺治皇帝壁画

寺供养，拜四世班禅为师，曾任哲蚌寺、色拉寺寺主。1642年，五世达赖和四世班禅密招西蒙古和硕特部固始汗进藏，推翻了白教（藏传佛教噶举派）的噶玛地方政权，建立了黄教的噶丹颇章政权。1652年，五世达赖应邀赴北京觐见顺治皇帝。顺治皇帝极为重视，专门在北京德胜门外为他建了一座西黄寺，并准许他乘金顶黄轿入京。据说，临到五世达赖入京前，顺治还召集百官朝议是出城相迎还是不出城而迎。百官奏道：吾皇乃天下之主，不宜出城相迎。但顺治总觉得这样失礼，想来想去，终于想出一个折衷的方法，以"畋猎"为名出城，在南苑围猎时与达赖五世路遇，顺示欢迎。这样煞费苦心的礼仪，可谓两全其美。（也有人认为，实为达赖欲在代噶（今内蒙古凉城县）朝见顺治，顺治与大臣朝议是否前往代噶。后达赖改变折衷进京。）1652年（顺治九年）12月16日，达赖五世抵北京，顺治在南苑会见，待以殊礼，当日，即由户部拨供养白银9万两。平时，顺治皇帝在太和殿登座时，达赖五世也随之登座，位于群臣之上。达赖五世在北京居住了两个月，于1653年（顺治十年）2月20日离开。临行前，顺治赐给他黄金550两、白银1200两、大缎100

匹以及其他贵重礼品多种，皇太后也赏赐了金、银、缎等礼品。4月间，清廷又派出以礼部尚书觉罗郎球和理藩院侍郎席达礼为首的官员赶到达赖五世暂留的代噶，赍金册金印，正式册封达赖五世为"西天大善自在佛所领天下释教普通瓦赤喇怛喇达赖喇嘛"。从此，历代达赖喇嘛必须经中央政权册封就作为一项制度固定下来。

1676年（康熙十五年），达赖五世推荐他亲自培养的桑结嘉措接任第巴（总持政务最高官员），桑结嘉措以"年轻不谙政务"相辞。达赖五世为之专颁法旨继续推荐，桑结嘉措终于于1679年（康熙十八年）就任。达赖五世担心第巴威望不足，难以服众，便按下手印当命令，要官员惟第巴之命是从，此手印至今还保存在布达拉宫里。从此，达赖五世退居静室，专心著作，于1682年圆寂于布达拉宫。

达赖五世圆寂以后，第巴桑结嘉措出于借助达赖五世的声威以对付蒙古和硕特部的考虑，秘不发丧达15年之久，对外宣布达赖五世"入定"居高阁不见人，一切事务都委托第巴办理，向清廷奏报和发布文告仍用达赖五世的名义，并秘密寻访、认定达赖五世的转世灵童。直到1697年（康熙三十六年）康熙亲征叛乱的蒙古准噶尔部时，才从被俘的藏人口中得知达赖五世已圆寂多年，便怒而严责第巴桑结嘉措。第巴桑结嘉措诚惶诚恐，派遣密使赴京面奏剖白，并

布达拉宫白宫内达赖寝宫

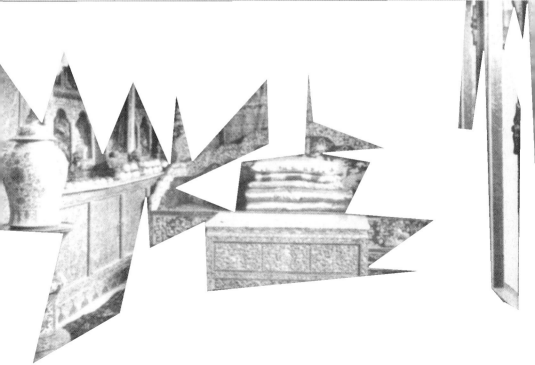

五世达赖灵塔

为预立的六世达赖仓央嘉措请封。康熙考虑西藏地处西南边陲，路途遥远，对和硕特部亦有一定的疑虑，因而接受了既成事实，包括承认第巴认定的达赖五世的转世灵童仓央嘉措。

康熙皇帝为纪念五世达赖，特令建造一座织造厂，用金线编织一对巨大的分别绣有黄教创始人宗喀巴和五世达赖肖像的锦缎绣幔。这对绣幔费工一年，耗银一万六千余两。1696年，康熙皇帝特派扎萨喇嘛登巴色吉将锦幔送到拉萨，作为红宫落成赠品。现置于司西平措大殿内。此绣幔精美无比，是布达拉宫的稀世之宝。

六世达赖无灵塔

宫里的八座灵塔中，无六世达赖的灵塔。而历史上曾被拥为六世达赖的却有二人。这究竟是怎么回事呢？

1682年（藏历水狗年），五世达赖在布达拉宫病逝。当时，班禅年少不谙政事，而蒙古各部汗王正剑拔弩张与拉萨对峙。"第司"（摄政王）桑结嘉措为稳定局势，秘不发丧达十五年，而利用五世达赖的威望处理和决定西藏政教事务。后在康熙皇帝的责问下才被迫于1696年公布五世达赖逝世的消息，并宣布五世达赖的灵童仓央嘉措年已十五。仓央嘉措，1683年生于山南门隅拉沃宇松。1685年（康熙二十四年）由第巴桑结嘉措认定为达赖五世的转世灵童。至1697年（康熙三十六年）经清廷认可，始自门隅迎来拉萨坐床，以班禅五世罗桑意西为师，成为六世达赖喇嘛。

因为特殊的情况，仓央嘉措没有像历代达赖那样，从小在全密封的布达拉宫接受安排好的严谨、刻板的教育。小时候，他和父母住在一起，天天上山放牧。山上有一个他热恋着的姑娘，这个姑娘曾经给他幼小的心灵带来那么多激荡，使他到了拉萨以后多少年仍然心仪。仓央嘉措家中信奉宁玛派喇嘛教，此派教规允许僧徒娶妻生子，而达赖所属的格鲁派喇嘛则严禁僧徒结婚成家和接近妇女。仓央嘉措对此十分反感。他在云烟缭绕、壁垒森严的宫里翘首遥望门隅，写出一首首真切感人的情诗。

五世班禅有所闻后规劝他用心经典，学好佛法，他却作诗道：

前往得道的上师座前，
求他将我指点；
只是这心猿意马难收，
回到恋人的身边。

我修习的喇嘛的脸面，
却不能在心中显现，
我没修的情人的容颜，
却在心中明朗地映见。

  六世达赖的"越轨行动"，被桑结嘉措的政敌、和硕特部汗王拉藏汗所利用，拉藏汗不断向康熙皇帝上报六世达赖的行为，攻击他"耽于酒色，不守法规"，是"假达赖"。1706年，康熙终于决定废黜仓央嘉措，同时因为担心他被准噶尔部等所利用，下令将他押解到京城。关于他的结局，说法不一。《清实录》说他被蒙军押至西宁口外时，患病死去。一说他随钦使走到青海扎西期地方时，即以神通脱身，往五台山中修法。十三世达赖到五台山朝佛时，还曾前往仓央嘉措闭关静修的寺庙参观。而蒙古喇嘛阿旺多吉所著的《仓央嘉措秘史》则说，仓央嘉措被钦使解至青海的堆如错纳时，皇帝圣旨到，责钦使办事不周，说："尔等将大师迎至内地，安置何处？如何供养？"钦使乃暗放仓央嘉措只身遁去。据说仓央嘉措遁去时，"遽然上路，朝着东南方向行去。刹那间，如天摇地动一般，狂风骤起，一时间昏昏然方向不辨。忽然，见风暴中有火花闪烁，仔细一看，却原来是一位牧人打扮的妇人在前面行走，我（仓央嘉措）尾随她而去，直到黎明时分，那妇人悄然隐去，风暴也停息下来，茫茫大地，只剩下了无垠的黄沙尘烟。"相传他游历四川、西藏、尼泊尔、印度、青海、甘肃、蒙古等地，晚年死于蒙古的阿拉善旗。仓央嘉措的死，至今仍是个谜。

  仓央嘉措被废后，拉藏汗将自己的一个非婚生子定为达赖六世，取法名意希嘉措，并得到清廷批准，但未得黄教寺院集团认可，他们坚持仓央嘉措是真正的达赖六世。因仓央嘉措已去世，他们在四川理塘寻获仓央嘉措的转世灵童格桑嘉措（1708—1757）。为了避免拉藏汗插手，黄教的上层喇嘛将格桑嘉措护送到青海。1717年拉藏汗被入藏的准噶尔兵杀死后，他所立的达赖六世也被废黜。1720年清廷出兵征讨侵藏的准噶尔部，于8月进抵拉萨，重新恢复对西藏的统治。达赖七世也在清军护送下于9月15日到达拉萨。清廷认为，仓央嘉措已被废，这位转世灵童应为六世达赖。早就因六世达赖之死而耿耿于怀的黄教寺院集团则坚持格桑嘉措是仓央嘉措的转世灵童，应为七世达赖，清廷只好默认。因此，布达拉宫红宫里没有六世达赖的灵塔。

十三世达赖灵塔美

在红宫里，除五世达赖的灵塔最大最豪华以外，十三世达赖的灵塔也很华美，珠玉宝石遍缀塔身，前面还有座由二十万颗珍珠串成的珍珠塔。

十三世达赖从小聪颖，他在高师的指点下一心学习佛法，在数次考试中均大获全胜，获得一等拉让巴格学位。到了十八岁该是亲政的年纪了，他却说："西藏涉外条约的事宜关系重大，至今尚未了解。政务繁重，我辨析智能低微，如掌管政教事务，尚难知晓对众生是否有益，故不宜亲政。如定要亲政，需询问乃穷护法神。"或许他觉得当时自己年纪尚小羽毛未丰还不足以与摄政们抗衡。等二十岁那年，光绪皇帝降旨令其亲政，他才踌躇满志地走上王位。他为卸任的摄政第穆呼土克图举行宴会，第穆表示从此回寺参禅。但接着发生了"符咒事件"。第穆把一双新做的黄色团龙缎子翘尖彩靴作为礼物送给了十三世达赖，据说达赖接到这双靴子后就开始流鼻血、生病，原因不明。乃穷活佛为此举行了一次驱鬼仪式，结果显示有恶魔缠身。法师当场打开那双靴子，在靴尖里找到一张写着达赖名字"土登嘉措"的符咒。接着，他们还在布达拉宫四周和供有凶神的地方发现埋有祈愿魔鬼给西藏带来水患、火灾、瘟疫等的咒经。

符咒事件暴露后，人们群情激愤。第穆以及其他关联者被捕入狱，第穆本人据说被扔进一只大铜水桶里淹死，也有说第穆当时正在寺中静坐，得悉符咒案发当夜暴病而死，达赖遂总理西藏政教大权。

十三世达赖在位达近四十年。1908年，他奉旨入京觐见光绪皇帝和慈禧太后，成为继达赖五世以后第二位赴京的达赖喇嘛。光绪皇帝在中南海为他洗尘，册封他为"诚顺赞化西天大善自在佛"。十三世达赖觐见光绪皇帝的情景也在布达拉宫壁画上得到展现。

金瓶掣签认灵童

红宫第八层南侧中间，是座十分重要的殿堂——殊胜三界殿，藏语称"萨松朗杰"。据说，自九世达赖后，几乎历辈达赖都在这里通过"金瓶掣签"的仪式被最后法定。金瓶掣签的制定者为清乾隆皇帝。由于黄教禁止僧人娶妻生子，因此采用活佛转世制解决达赖的继承问题，即在上辈达赖死时出世的男孩中找出"转世灵童"作为下辈达赖。以前，达赖由专事降神作法预卜未来的僧人"拉穆吹忠"来指定，这样难免会出现拉穆吹忠受嘱以致达赖、班禅亲族传袭等现象。而这种姻亲、血缘关系会使某个家族隐然执有西藏政治、宗教权力，这是清廷所忌讳的。为杜绝弊端，乾隆想出金瓶掣签的制度。金瓶即"金钵巴瓶"，为乾隆所钦赐，披五彩织锦瓶衣，外壁雕以精美花纹，中空，内置五柄如意状象牙签。达赖圆寂后，藏政府便派专人打卦问卜，然后按卜定方向去巡访"转世灵童"。如果访得两个以上"灵童"，就要经过"金瓶掣签"来确认"真灵童"。这种仪式首先要得到皇帝恩准。然后选择吉日，由班禅率领三大寺（甘丹寺、哲蚌寺、色拉寺）僧侣到布达拉宫的殊胜三界殿。在乾隆帝画像前，朝廷驻藏大臣主持将"灵童"名字、生辰年月分别写在签上用纸包严，由副驻藏大臣贮于金瓶内，驻藏大臣用金箸在瓶中搅动后，夹出一签与众同观，签上所写者便为新一世达赖。金瓶掣定的"灵童"要到举行坐床（喇嘛教活佛转世继承仪式）的升座仪式、启用金印时才称达赖喇嘛。现在，殿内还供有乾隆皇帝画像和汉、藏、满、蒙四种文字的皇帝"万岁"牌位。自七世达赖起，各世达赖每年藏历正月初三凌晨都要到此向皇帝牌位朝拜。

布达拉宫内供牌

布达拉宫内
乾隆御笔

第四编 拉萨之旅

布达拉宫密宗本尊
大威德金刚像唐卡

布达拉宫壁画：文成公主进藏图

白宫壁画耐寻味

　　白宫紧邻红宫之东，最大的宫殿是东大殿，藏语称"措钦夏"。自1653年清顺治皇帝以金册金印封五世达赖后，历世达赖都必须得到中央的正式册封，并由驻藏大臣为其主持坐床、亲政等仪式。这里就是达赖举行坐床、亲政大典等重大宗教、政治活动的地方。大殿四壁有壁画，其中两组画幅最引人注目。一组表现猕猴与石妖女结为夫妇生下六个猴儿，后繁衍发展为藏族祖先的故事。另一组表现唐时金城公主"照镜子"的故事。藏史载，藏王赤德祖赞有太子，名觉察拉义，"容颜妙好，恍如天人"。藏王"效王祖松赞干布故事，遣使纳聘于唐，欲娶中宗之女金城公主"。唐皇问公主是否愿前往，公主有一能示休咎之宝镜，"因诚虔叩请，拂拭镜面而察之，知此生姻缘固在西藏，并见其王容颜妙好，极称愿望，遂允得适藏土"！后王子忽薨，公主在汉藏交界处"拂拭宝镜观之，见昔容颜俊美之太子，忽失所在"，遂掷镜碎地，心极悲伤，但决心"无论苦乐，仍当来藏也"。壁画即根据这段故事绘制。

龙王潭

[潭水倒映八角亭]

　　拉萨布达拉宫山后，有个风景秀丽的地方——龙王潭（龙王塘、龙王堂）。这里花木繁茂，碧波荡漾，布达拉宫倒映于潭水，雄姿尽揽其中。潭中岛上有供养龙王墨竹赛钦的坛城。17世纪五世达赖重建布达拉宫时，在山后取土，形成了方圆几里的大水潭。布达拉宫竣工后，就用剩余材料在潭中岛上建起了这座坛城——八角亭，藏语称"鲁康"。坛城高三层，最上层供养传说中龙的主宰——菩萨"鲁旺杰布"，第二层供养龙王墨竹赛钦。关于龙王墨竹赛钦，有个动人的传说。

　　据《西藏民间故事选》载，墨竹赛钦本是条修行多年的蛇，住在墨竹工卡巴罗一个很大的湖里。她常变成美丽的少女到湖边林中散步，若善良的姑娘被她美丽的眼睛看上一眼，就会更加聪明美丽；如果男子遇上她，就会被其美丽所迷惑而逐渐变成痴子、傻子。一天，一位名叫玉那坚的国王想试试自己抗拒诱惑的能力，就一个人悄悄来到林中要会会那位迷人的少女。可直到月亮偏西，也未见其踪影。玉那坚怀着惆怅的心情准备离去，迎面缓缓走来一位窈窕少女。她那躲在长睫毛下深情而羞怯的眼睛，一下就使玉那坚迷醉了。从此，他俩经常约会。墨竹赛钦不再修行，但她的蛇尾还未变成腿，只能总是穿长裙。不久，玉那坚的咒师发现此事，就把玉那坚骗到一个寺庙里隐藏起来。墨竹赛钦多次请求放了他，甚至愿将自己多年炼就的"系命珠"献出，都遭到咒师拒绝。墨竹赛钦只得与咒师斗法，咒师请来印度高僧莲花生，墨竹赛钦被击败了。莲花生驱使她为建造雅鲁藏布江北岸的桑耶寺效力。桑耶寺建成后，墨竹赛钦乞求莲花生让她成为人，好享受人间乐趣。但莲花生只允许她做龙王，享受人们的祭祀。从此，每年藏历四月十五、五月十五，人们都到墨竹工卡去祭龙，酬谢她建造桑耶寺的功绩。五世达赖在龙王潭修成"鲁康"后，祭祀仪式就改在龙王潭进行了。

黄教三大寺

[受乐·丰足·野玫瑰]

藏传佛教格鲁派（黄教）祖师宗喀巴及其弟子所创建的甘丹寺、哲蚌寺、色拉寺，合称为格鲁派三大寺。三大寺建筑壮观，文物珍贵，并有不少典故和传说。

手帕选址的甘丹寺

甘丹寺位于拉萨以东达孜县境内，为三大寺之首，寺名"甘丹"取"受乐知足"之意。寺庙建于汪固尔山峦的山坳处，远远望去，群阁重叠，殿堂林立，宛如一座小城。寺庙主要建筑是拉基大殿、赤多康等，寺内所藏明代以来的文物甚多，并有保存宗喀巴遗体的灵塔。僧人定额3300人。宗喀巴的法座继承人、地位仅次于达赖喇嘛和班禅的历世格鲁派教主甘丹赤巴，即居于甘丹寺内。

甘丹寺始建于15世纪初。创建人宗喀巴洛桑扎巴，1357年出生于青海湟中一个藏语叫"宗喀"的地方。"宗喀巴"意为宗喀地方的人，"洛桑扎巴"为其名。他八岁出家为僧，十六岁入藏求法学经，拜各教派高僧为师，对教义有高深的造诣。三十六岁后，开始周游四方，讲经传法收徒。1409年，在乃东王朝内臣冲钦·仁青白的资

西藏寺庙的佛寺活动

助下,他在拉萨河南岸汪固尔山山坳创建了这座佛教格鲁派的第一个寺院。人们说汪固尔山像只卧象,背驮甘丹寺;又像仁慈的度母,把甘丹寺紧揽怀中。

关于甘丹寺的选址有个有趣的故事:宗喀巴曾梦遇仙人,指示他在氆氇手帕停止处造寺。他按照仙人指示来到墨竹工卡的止贡帖寺,果见寺的创建人觉巴·记登工布拿出一块氆氇手帕捂着鼻子。宗喀巴便要在那里建寺,觉巴笑着说:"不是这里,仙人说的是我的氆氇手帕停住的地方。"说完就把手帕甩出去。手帕像长翅膀般飘飘忽忽地飞起来,落到"吾荣"河,又顺拉萨河漂到达孜的章多一带,被石挡住。宗喀巴顺水追到这里,正要捡起,一只乌鸦又将手帕衔起向西南飞去,飞到一座大山上停下,手帕落下,就是汪固尔山坳。于是,宗喀巴在此建造了甘丹寺。寺建好后,宗喀巴召开法会祭典,邀请几万喇嘛前来念经,也邀请了觉巴。觉巴回答:"我不愿去,只要你们念经时打开窗子即可。"大法会上,几万喇嘛同声颂唱,里面最响亮的却是觉巴的声音。刚念完经,下起大雨,在寺前绕山的林廓路上,还下起青稞来。第二天,这条林廓路便长出绿油油的青稞,象征着吉祥和丰收。

达赖的母寺哲蚌寺

哲蚌寺位于拉萨西郊十公里处更培乌孜山山腰上,依山而建,为格鲁派三大寺中最大的寺院。寺名"哲蚌"是藏语"堆积大米"之意。寺院由措钦大殿、四个扎仓、五十多个康村僧居等建筑群组成。以白色为主调的建筑错落重叠,远远望去,确如米堆。僧人定额7700人。

哲蚌寺始建于1416年,为宗喀巴弟子降央曲杰扎西巴登所兴建。降央曲杰生于西藏山南桑耶地区,自幼好学,后拜宗喀巴为师,专攻佛教经典,成为精通佛教显密宗经典的著名人物。为扩大黄教影响并使之延续下去,宗喀巴嘱他建座规模宏大的寺庙。于是,在贵族仁青桑布资助下,降央曲杰建起哲蚌寺。据教史《黄琉璃》载,哲蚌寺破土时,宗喀巴从"廓布山法库"掘出一只法螺,赐予降央曲杰,祝他建寺成功。降央曲杰把它看作上天佛祖所赐寺宝珍藏起

哲蚌寺

来，至今供在寺内。

哲蚌寺被尊为"达赖母寺"，要从根敦珠巴说起。根敦珠巴是宗喀巴所有弟子中年纪最小的。1447年，他在一贵族资助下主持兴建扎什伦布寺，建成后被推举为寺主。1475年，根敦珠巴圆寂。十一年后，一名叫根敦嘉措的十一岁儿童被当作根敦珠巴的"转世灵童"迎进扎什伦布寺，却在寺中受到冷遇，僧人们不承认他的"转世灵童"地位。根敦嘉措二十岁那年，终于与扎什伦布寺的僧人闹翻而转到哲蚌寺学经。在这里，他的"转世灵童"地位得到了承认。他在寺里学经十四年，后出外说教二十年，其艰苦努力使黄教势力获得很大发展。他回到哲蚌寺后，也被推为该寺寺主并成为实际上全格鲁派领袖人物。

根敦嘉措圆寂、索南嘉措接替为哲蚌寺寺主后，成吉思汗第十七世孙、蒙古土默特部的汗王俺答汗赠索南嘉措"圣识一切瓦齐尔达赖喇嘛"尊号，"达赖喇嘛"的名号方始出现。索南嘉措追认前世达赖，把活佛起源推至宗喀巴弟子时代，自命为三世达赖，根敦嘉措被追认为二世达赖，根敦珠巴则被追认为一世达赖。此后，按规矩凡任哲蚌寺寺主的即是达赖，直至五世达赖搬进布达拉宫为止。

哲蚌寺胜乐金刚铜像

五世达赖以前的转世灵童都被迎至哲蚌寺坐床,故哲蚌寺被视为"达赖母寺"。1653年,清顺治皇帝册封五世达赖为"西天大善自在佛所领天下释教普通瓦赤喇怛喇达赖喇嘛",遂正式确定了达赖喇嘛的封号。

玫瑰丛中的色拉寺

色拉寺位于拉萨东北郊三公里处的色拉乌孜山下,为三大寺中最后建筑的一座。"色拉"意为野玫瑰,传说此山下原本长满野玫瑰。色拉寺有一个大殿,三个扎仓,二十九个康村。僧人定额5500人。

色拉寺始建于1419年，为宗喀巴弟子降青曲吉释迦益西所建。降青曲吉释迦益西，1383年生于拉萨东郊蔡公塘，自幼刻苦钻研佛法，后为宗喀巴当司膳，并拜其为师，研修佛教显密宗经典，知识渊博，尤精通佛法，深得大师器重。明永乐七年（1409），明成祖派钦差来藏迎请宗喀巴进京，宗喀巴因病初愈，难以成行，便派释迦益西代其进京朝见皇帝。释迦益西于永乐十二年（1414）第一次进京。在京期间，释迦益西给明成祖讲解经典，被封为"妙觉圆通慈慧普应辅国显教灌顶弘善西天佛学大国师"。回拉萨后不久，受宗喀巴委派，在贵族留宗资助下，主持兴建色拉寺。建成后，释迦益西于宣德九年（1434）再次进京，被明宣宗册封为"万行妙明真如上胜清净般若弘照普慧辅国显教至善大慈法王西天正觉如来自在大圆通佛"，简称"大慈法王"。他两次进京均带回不少礼物，如金汁写

色拉寺空藏本尊像

成的大般若经、朱砂汁写成的汉藏对照大藏经、白檀香雕刻的十六尊者塑像以及明宣宗为释迦益西制作的缂丝像等，现都珍藏在色拉寺内。

　　色拉寺结巴扎仓内还供有马头明王神像，传说与建寺有关。当年宗喀巴常到拉萨北郊山上一小寺庙修行，途经一片长满刺玫瑰的丛林。每次路过，都能听到一种马叫般的异样声音。次数多了，宗喀巴忍不住在丛林里寻找。这时，一枝刺玫瑰挂住他的袈裟，扯开又挂住，他心里一动，叫弟子释迦益西往刺玫瑰下挖，遂挖出个马头。宗喀巴就让释迦益西在此建起寺庙，主供"马头明王"。

　　色拉寺历史上还发生过一起"众僧救热振"之事。五世热振活佛丹绛巴·益西丹巴坚赞在十三世达赖圆寂之后任摄政和十四世达赖的经师，采取过亲近祖国、打击亲帝分子的措施，1941年被迫引退后，掌握噶厦政权的亲帝分子诬陷他有意谋杀摄政王达扎活佛，1947年四五月间将他抓捕。色拉寺的僧人激于义愤，组织武装力量半途拦劫，但错过路径，热振活佛被抓到拉萨。色拉寺僧人又进军拉萨，准备武装劫狱。他们与藏兵在北郊激战七八天，因势单力薄而退兵。热振活佛后惨遭杀害。

|止贡帖寺|

[白教古寺天葬台]

　　止贡帖寺在墨竹工卡莫布山上，为藏传佛教噶举派（白教）止贡支系的主寺。其创建者是止贡支系的创始人觉巴·记登工布。

　　觉巴·记登工布，1143年生于今四川甘孜州邓柯，自幼拜帕莫主巴为师，取法名仁青白。三十五岁受比丘戒，1179年三十七岁建止贡帖寺。后僧众日益增多，相传一次传法时，听法信徒竟达五万五千五百五十五人。他也扬名世间，被传为古印度高僧龙树之化身。在莫布山和止贡帖寺，有关他的传说很多。

　　莫布山有泉水一百二十八股，股股清凉可口。相传，这里原本荒凉干旱，喇嘛信徒都没有水喝，觉巴·记登工布很着急，每天向神祈祷。一天，记登工布宣布，神已降下甘露，遂把手中一百二十八颗珍珠向莫布山一抛，从山顶到山下，一百二十八股清泉便汨汨流出。

止贡帖寺右侧有座天葬台。在藏民心目中，天葬是死后超俗升天的最神圣的归宿。天葬的程序是：人死停尸三天后，由家人送往天葬台，一路不得回头望，表示死者灵魂不再回来。到了葬场，先把尸体放在葬台，然后在附近烧起松柏香堆，上撒三荤三素糌粑。香烟直冲云端，"神鹰"见烟便飞来觅食。这时，天葬师一边念念有词，一边进行碎尸处理。完毕，天葬师吹起海螺或仰天长啸，"神鹰"便一拥而上，抢食碎尸。若余骨未食完，天葬师则一一拣起烧成灰，撒向四方。天葬完成后送殡者便拿出早已备好的酒肉犒劳天葬师，也庆贺死者升天。

止贡帖寺天葬台据说是世界三大天葬台中最高大的一座（其余两座是藏北扎囊桑耶寺天葬台、印度斯白天葬台），几乎和止贡帖寺一样高。据《西藏民间故事》第三集载，记登工布继承了其法师帕莫主巴传授的特殊密法，具有洞察一切的慧眼。那天，他在莫布山修炼密法，慧眼四望，发现莫布山是位魔女的化身。东面一峰像观音菩萨，南面一峰像毗卢遮那佛，西面像金刚佛，北面像妙音少女神。四座峰周围有八个林子，东方暴虐林，北方密丛林，西方杠焰林，南方锁骨林，东北方狂笑林，东南方吉祥林，西南方幽暗林，西北方啾啾林。八个林子里居住着八个神祇，如刹生女、食肉罗刹、鸷鹜、骷髅鬼等。林中有块五彩缤纷的圣石，上以天然花纹写着六字真经，表示无量佛的慈、悲、喜、舍，包含三善趣、三恶趣等内容，在此天葬可不进地狱，由观音菩萨引入天界。圣石周围还有四种不同的缘境：圆形的差极石、长方形的成佛石、半月形的惩罚石、又黑又粗的险恶石，此山的六道轮回和三恶趣的门都关着。于是，觉巴决定在此建造天葬台。

天葬台建好后，四位仙女从印度斯白天葬台运来四根石柱，她们被觉巴挽留下来，变成四根柱子站在四周挡住尸体携带的病毒，所以尸体进入里面都变得十分洁净。一位叫"热巴看"的智慧神前来看守，他把自己的半个头皮剥下拿在手里抖着，招引各种鬼神来

天葬

六字真言刻石

经文刻石

此吃血,为天葬出力。起初,天葬由印度来的天狗把尸体带往天国,现在一块石头上还可见到清晰的狗脚印。后觉巴又派来天鹰。天空还有一道由止贡天葬台通向斯白天葬台的金线,许多鬼神沿着它来往两地之间。以后,觉巴把法术传授给弟子,据说那些修行很高的人也能看到这些奇观。觉巴还在天葬台一方建起座经塔,放上珍宝,命石匠在一百零八块石板上刻上自己慧眼所见奇景,以示于常人。

为方便远方的人，觉巴又在天葬台附近选择一位置，若有人生前在此撒下一滴血，就表示提前天葬，死后不送天葬台照样可进天国。觉巴又让人们在此用小石头垒起小石堆，死后到天国就是一座宫殿。此处现已石堆成片。觉巴圆寂后，化为一块石头立在天葬台左，给死者指引上天之路。

|甲　玛|

["百沟之母"出藏王]

墨竹工卡境内，有个叫"甲玛"的地方。藏语"甲玛"意为"百沟之母"。相传，这里是一代藏王松赞干布的出生地，流传着不少关于他的故事。

一千多年前，甲玛山坡上有个尼姑庵，庵里有位虔诚的年轻尼姑，每天都到"甲玛曲曲"河背水。一天晚上，尼姑梦见一位英俊的男子向她求爱，被她婉言拒绝。第二天，她背着水桶到河里汲水，突然觉得肚子又胀又疼，不一会儿生下一个圆溜溜的肉球。她吓呆了，忙抓起肉球扔到河里就走了。肉球顺"甲玛曲曲"往下游漂，漂到"吉曲"（今拉萨河）里，冲到一个有神脚印的石块旁，被石块托到岸边。这时，一只大乌鸦飞来小心地把肉球啄开，一声巨响，从中跳出一个胖胖的小男孩，他头上还长着一个头，身上围着一块金锻。小男孩对乌鸦说："齐门彩！"（"这里不是我的家乡"，从此，附近村庄就叫"齐门彩"。）乌鸦驮着他去找家乡。当飞到甲玛一个像蝎子头的"日娘固"山上空时，小男孩说："这里就是我的家乡。"乌鸦把小男孩轻轻放下，从口中吐出一株莲花对他说："我是如来的弟子，受佛的旨意帮您降世。您是慈悲观音菩萨的化身，将是治理人间的一代英王。"这小男孩就是后来完成统一吐蕃大业的松赞干布。后来，人们在"日娘固"山腰建起庙堂，供奉松赞干布塑像，以纪念他的诞生。

甲玛的列那果乡有一沟清清的泉水，叫"九鹫神泉"。传说，这眼泉水原藏在一块神石下，甲玛人想把石头挖出来，神石说话了：

"挖我的只有干布！挖我的只有干布！"这时，一位头上长着肉球、围着一块金锻的男孩走来说："我就是干布！我就是干布！"神石又说："想把我挖出来，须修一个大昭寺。"松赞干布统一吐蕃迁都拉萨后，在文成公主、赤尊公主的帮助下建起了大昭寺。大昭寺落成不久，九只鹫从天而降，挖出神石，一股清泉汩汩冒出。人们把这泉水称为"九鹫神泉"，作为圣洁吉祥的象征。

|加嘎铁索桥|

[募捐修铁桥　义演创藏戏]

　　加嘎铁索桥，位于墨竹工卡县宗雪乡加嘎村拉萨河上游的雪绒河上，已有五百年历史。这里石壁耸立，水流湍急，桥长百米，牛皮缠绕铁索，很有气势。这座桥的兴建与藏戏的创始之间还有一段生动的故事呢！

　　相传，此桥为唐东吉博主持兴建。唐东吉博是个传奇人物，有人说他是莲花生大师的转世，有人说他年轻时曾跟降顶寺喇嘛尼马生格学经，会法术。一天，他来到加嘎村要过河，当时只有牛皮船摆渡，船家嫌贫爱富，唐东吉博上船后，船家看他不像富贵之人，就恶狠狠地把他推下去，险些被河水吞没。唐东吉博决心在此修桥，但无钱无料，怎么办呢？他坐在岩石上，苦苦想着修桥的事，不知不觉睡着了。第二天正好是正月十五，天刚黎明，他恍惚看见一位叫吉尊卓玛的女神站在祥云上，告诉他："雅隆河的曲吉地方有七个能歌善舞的兄妹，你可请他们协助演戏募化。"唐东吉博醒后非常高兴，他长途跋涉找到百纳家的七兄妹，请他们帮忙。七兄妹非常乐意地答应了。于是唐东吉博编了许多有趣的戏剧，由七兄妹演出，募捐到足够的资金和物资。选好桥址、备好石块后，女神托梦给他一块矿石，叫他开采后与生铁熔炼，打成索链。他照此打出了永远不断的索链。开始修桥了，对岸是一道崖壁，如何安置铁链？唐东吉博举起一张大弓，搭上箭，只听一声巨响，射穿了悬崖。人们在那里砌起桥墩，竖起铁桩，拴上铁链，然后用牛皮船载铁链到对岸，架好了铁索桥。

现在,这座铁索桥仍完好地悬挂在雪绒河的上空。唐东吉博也作为铁桥师和藏戏的创始人,受到人们永远的尊敬和怀念。

德忠神女峰

[冰清玉洁雪山情]

墨竹工卡县境内,有座秀丽的山峰叫德忠神女峰。她银装素裹,直插云霄,犹如一位身披白纱的女子。不远处,还有一座雄伟的曼巴山。

人们说,西藏的山是有生命的。神女峰是位美丽动人的姑娘,曼巴山是位英俊魁梧的男子。他们从小生活在一起,长大后相爱结婚并生下两个儿子。附近有个仁多岗,是从地下偷偷钻出的魔鬼的化身,他心狠手毒,常兴妖作怪。一天,德忠女神正在湖里洗澡,被仁多恶魔看见。他馋涎欲滴,施法唤来阵阵寒流,乘乱把女神劫走。途中,被曼巴男神挡住去路,他眼里发出灼人的光芒,冲破云雾,夺回妻子,就同恶魔搏斗起来。恶魔先下冰雹,曼巴男神以岩石的身体挺而承受,冰雹碎了;恶魔又吐出狂风暴雨,曼巴山山洪暴发,雪崩土塌,男神的身体垮下来,只得边战边退。退到一座大山前,他取出弓箭,射出一条狭窄的峡谷,让两个儿子守住谷口,自己在山谷里修炼武功,准备报仇。德忠女神思念丈夫,便通过曼巴男神定亲时送给自己的镜子———个小湖,注视着丈夫的面容。恶毒的仁多见后,拣起织氆氇的梭子打破镜子,使小湖形成一泓瀑布。女神看不到曼巴,热泪化作两眼温泉,温泉又汇成德忠河。仁多还让一个妖女潜入山谷,赤身裸体引诱曼巴,但曼巴却扭过头不看。他从早到晚勤奋修炼,身上的汗水流下来,汇成曼巴河。如今,那条山沟还有座妖女峰,像个光着身子叉开双腿的妖女。德忠河和曼巴河流向仁多岗,在山下汇合,不断地冲击山石,哗哗的水声像是在控诉仁多的罪恶,又像是在表达他俩永恒的爱情和报仇的决心。

羊八井

[热泉神女泪]

著名的羊八井地热田在堆龙德庆县境内,这里有沸泉、喷气孔和冒气地面。

传说很早以前,天地混沌未开,世界一片黑暗,念青唐古拉山一带的人们在长夜中熬煎。一天,一只金凤凰飞到这里,它深切同情人们的痛苦,决定舍身为人类创造光明。它挖下自己一颗明亮的眼珠,从空中扔下,正巧,被一位神女接住。神女双手捧起眼珠,仿佛在空中举起一盏神灯。从此,念青唐古拉山现出雪峰,藏北大地现出地毯般的草原,神灯给人们带来了光明和幸福。山下羊八井住着个残忍贪婪的人,他很想占有神灯,但想偷偷不着,想抢无法靠近。有个巫师给他出主意:用自己的仇恨磨制利箭,搞到神灯。他照着办后,磨了很久,终于磨成。他射出利箭,刚好射中神灯。只听一声巨响,神灯碎了,碎片落到地上,很快涌出一道道热泉。热泉不断地喷涌,把坏人烧死了。人们说,热泉是神女的泪,这些热泪渗入地下,形成了羊八井地热田。

纳木错

[世界上最高的大湖]

在当雄县境内,有世界上海拔最高(达4718米)的大湖——纳木错。纳木错是藏语,蒙语称腾格里海,都是"天湖"的意思。传说当年印度高僧莲花生曾在此修行,写下了纳木错志。纳木错东西长70公里,南北宽30公里,面积为1940平方公里,是西藏最大的湖泊,三大圣湖之一,也是我国仅次于青海湖的第二大咸水湖。纳木错南侧是雄伟的念青唐古拉山,北侧和西侧是起伏和缓的藏北高原。湖中有3个岛屿,东南有石灰岩构成的半岛,发育成岩溶地貌,有石柱、天生桥、溶洞等,美丽多姿。广阔的湖滨生长着火绒草、苔藓、蒿草和蕨类等草本植物,组成水草丰美的天然牧场,全年均可

玛尼堆
(纳木错湖畔遍布牛头和刻有经文的玛尼堆,信徒们每遇玛尼堆必丢一块石子,等于念诵了一遍经文。)

放牧。夏天,湖区十分热闹,广阔的草滩上有野牦牛、岩羊、野兔等野生动物,南方飞来的无数候鸟(主要是赤麻鸭等)在岛上和湖滨孵蛋繁殖,湖中成群的细鳞鱼和无鳞鱼游来游去。冬季,湖面结冰很厚,可以行人,翌年5月才开始融化。牧民们说,纳木错在冬天最神奇,湖中的浪翻涌着结成立体的冰,如塔如林,如熊如豹,一派天然冰雕。湖面结冰的时间非常准,每年的藏历十一月五日夜,一个晚上翻滚的湖水就结成冰雕,这个日子几十年只差一天。

当地藏民传说,纳木错是海眼喷发而成的。相传,古时候,藏北草原有一位勤劳美貌的牧羊女。一天,她在梦中与念青唐古拉山神幽会,不久产下一个男孩。她的儿子长成后,力大无穷。他们所居的帐篷旁巨岩下有一口古井,实为海眼,井口有一巨石,历代不准搬动。其子因好奇将巨石搬于井侧,海水即喷薄而出,刹时,巨浪滔天。其子忙入帐篷,背起母亲跑上高山。水势仍不断上涌,眼看就要造成灾难,其母忙命儿子搬山堵水。儿子便从念青唐古拉山阳坡搬来18座峰,自阴坡搬来19座岭,围住海眼,挡住了海水,所

西藏纳木错湖

围之水即今纳木错。

纳木错是西藏人民心目中的圣湖，每年都吸引了西藏和青海、四川、甘肃、云南等地的信徒们不远万里来此朝圣，以寻求一次灵魂的净化、生命的超越。

|卡若文化遗址|

[高原原始文化的遗韵]

卡若位于昌都东南12公里处，这里南北两山相逼，中间形成狭长的山沟谷地，海拔3200米，卡若河流经此处汇入澜沧江。

1977年，昌都水泥厂工人在施工中首次发现石锛、石斧和陶罐等原始器物。1979年，考古工作者开始进行发掘。遗址原始面积约10000平方米，发掘面积约1800平方米，清理出房屋遗址29座，石墙3段，圆石台3座，石围圈3座，灰坑4处，出土瓦器7978件，骨器368件，陶片二万多块，装饰品50件。经鉴定，卡若遗址属四千到五千年前的新石器时代。

遗址中出土的石器种类繁多，有铲类、锄类、切割器、投掷器、尖状器、砍砸器、敲砸器、刮削器、碎磨器、石砧等，还有石镞、石矛等细石器，以打制的为主，也有磨制。有的（特别是磨制的）石器采用玉石制作，打磨十分精美。出土的骨器有骨钻、骨针等，制作精细，最小的骨针仅长2.4厘米，针鼻完整无缺。另外还有烧制而成的各种花纹的陶器，其中双体陶罐最为突出，同时发现了彩陶。那些用玉、石、骨制作的环、珠、镯等装饰品，说明这个时期人们的审美观念已发展到一定程度。

遗址中的房屋建筑大体可分两类：木结构的草泥墙建筑和半地穴式的卵石墙建筑，并有石铺路、石墙建筑、窖穴等。另外，还出土了大量的粟粒和谷灰，说明早在四千多年前这里就有了原始种植业。这些粟粒和谷灰同西安半坡遗址窖穴中的粟粒和谷灰的情形基本一致。由此看来，卡若遗址的先民当时可能处于以农业为主，狩猎、采集为辅的经济状态。

卡若遗址出土
新石器时代红陶罐

卡若遗址出土
新石器时代
双体兽形陶罐

　　卡若遗址是西藏地区正式发掘的第一处遗址，是西藏高原新石器时代具有代表性的文化遗存。它显示出强烈的地方特点，又与黄河上游甘肃、青海、陕西一带的文化类型有不少相似因素，为研究西藏高原原始文化和西北西南原始民族的迁徙与交流提供了新的资料。

第五编 山南之旅

泽当古岩洞

[菩萨授天意　猕猴变先民]

泽当比乌哲古岩洞，在乃东县泽当镇的贡布山上。"泽当"意为猴子玩耍的地方。洞口约三米，传说这里是藏族远古人类发祥地。

贡布山是藏族人民心目中的神山。传说四位神灵（东面马王，西

吉祥如意
宫建华

面神象,北面孔雀,南面灵龟)把此山托在半空,使其上离天,下离地。只要诚心拜佛,登上此山便可见仙境。山有三座峰:央嘎乌孜、森木乌孜、竹康孜,泽当比乌哲古岩洞便在森木乌孜上。

相传远古时,普陀山观世音菩萨给一只神变猕猴授了戒律,命他到雪域高原修行。猕猴来到贡布山森木乌孜的这个岩洞里,潜修慈悲菩提心。这时,来了一个女魔,住在央嘎乌孜的山洞里。她是从"继由圣救度母"皎洁的心间月轮中现出的神,神让她与猕猴结合,繁衍人类。她施尽淫荡招数引诱猕猴,要和猕猴结合。猕猴说:"我乃观音菩萨之徒,来此修行,和你结合,岂不前功尽弃?"女魔说:"我和你注定有缘。如果成不了亲,我定成妖魔之妻,将生无数魔子,伤害无数生灵。那时,雪域高原就是魔鬼的世界。"猕猴听后,心动几分,又见女魔妖娆,难以自持,拿不定主意,就回普陀山请教观世音菩萨。观世音说:"这是上天之意。你和她结合,在雪域繁衍人类,是莫大善事,你应见善而为。"猕猴便与女魔结成伴侣。他们生下六只小猴,猕猴把它们送进果林。三年后,老猴去看时,果林里的小猴已繁衍到五百多只,果子越来越少,猴子们互相争夺、彼此厮打,乱作一团。老猴见了不忍,领它们到一处山坡,让它们吃野生谷物。又遵照观世音圣意,于须弥山取了天生五谷种子,撒向大地,大地长起各种谷物。众猴由于得到充足的食物,毛渐变短,尾巴也慢慢消失,逐渐演变成人,这就是雪域先民。传说离泽当五六里的撒拉村,有藏族第一块青稞地。每年播种时,人们都要来此抓把"神土",求祖先保佑丰收。

雍布拉康

[天神之子的宫室]

在乃东县东南、雅隆河东岸的一座小山上,矗立着雅隆河谷第一代"赞普"聂赤赞普的王宫——雍布拉康。它耸峙山头,面西而立,前部为一幢三层楼房,后部是座碉堡式的高层建筑。"雍布拉康"之意说法不一。一说为,"雍"是尊母,"布"是孩子,"拉康"是宫殿或庙宇,故为"母子宫"或"母子庙";另一说法为,"雍布"是母鹿,"拉"是后腿,"康"是上面之意,该宫堡所在的山,形似母鹿后腿,故为"母鹿后腿上的宫堡"。相传雍布拉康始建于公元前2世纪,是西藏历史上第一座宫堡。文成公主进藏后,夏天曾居于此。它又是佛教最早传入之处,被尊为佛教圣地。

公元前2世纪,雅隆河谷的人们已开始定居畜牧,逐渐形成氏族部落,信奉原始本教。一天,牧人们在赞唐古细山放牧,突然出现一个言语举止与当地人相异的英俊青年。人们向长者报告后,长者派十二个精明的巫师上山,问年轻人从哪里来。年轻人用手指天,他们以为他是从天上来的,是"天神之子",为首者便伸长脖子让他骑在上面,众人前呼后拥把他抬下山,并拥其为部落首领,尊称"聂

雍布拉康

赤赞普",意即"用脖子当宝座的英武之王"。这就是吐蕃部落的第一位首领。关于年轻人的来历,一说他是十三层天上掌管天界的父王六君的第四子,因与父王六君及三兄三弟不和,从天界沿神梯、神索降到如波神山之巅,又顺天梯降到赞唐古细山。一说他是印度众敬王后裔玛甲巴王(百军王)之子,是由圣观自在菩萨加持诞生的(即神通过玛甲巴王把他生出来)。因相貌异常,眼皮深陷,眉毛翠绿,牙齿螺状,手臂如轮,手上有蹼,其父认为他是神怪所变,把他逐出王宫流放远地而来到这里。也有人说,他是波密一个叫加姆则的女子的第九子乌比热,因容貌漂亮,手指长蹼,且神通广大,人们视为鬼怪,将他撵走,流落此地。他当上赞普后,人们为他建立了雍布拉康宫室。

到了第二十八代赞普拉妥妥日聂赞时代，相传一天天空忽降一卷宝箧经、一座金宝塔和法器，落在雍布拉康宫顶。拉妥妥日聂赞把这些"玄秘神物"请到宫殿敬供。接着又有天神降旨：此宝经必须再等五代赞普以后方能解义。于是赞普一直供奉下去，从此佛教传入西藏。由于神物的威灵，拉妥妥日聂赞到了六十高龄重返青春，一直活到一百二十岁，此宫也成为佛教圣地。

|昌珠寺|

[鹏啄怪龙　寺压女魔]

昌珠寺位于山南乃东县雅砻河东岸、贡布山西南，距乃东县城约两公里，以措钦大殿为主要建筑。此寺建于松赞干布时代，是西藏最早建立的佛寺之一。

相传当年这里是个大湖，内有五头怪龙作乱。松赞干布统一吐蕃后，为制服怪龙，来到竹康孜修行。成正果后，变成一只大鹏飞到离贡布山不远的铁不山（鸡冠之意）上，随时盯住怪龙的行踪。怪龙一露头，大鹏马上俯冲下去，一口啄掉怪龙的头。反复五次，终于把怪龙的五个头全部啄掉。兴建大昭寺时，文成公主用阴阳五行测算出吐蕃是罗刹女魔仰卧的形状，女魔的一臂就在贡布山的西南方，即五头怪龙活动之地。为防止怪龙死而复生再次作乱，并将罗刹女魔一臂钉住以保大昭寺建造成功，松赞干布在湖中填土建寺，命名"昌珠"。其意一说为"鹰叫如龙吼"，指松赞干布变大鹏斗怪龙时发出震天动地的吼声；一说为"鹰叫出龙"，指松赞干布变大鹏发吼声唤出怪龙。据说，文成公主进藏后，冬天曾在此居住。

|颇章区|

[唐蕃"舅甥情谊"深]

乃东县有一个区，叫"颇章"，意为宫殿。这里流传着金城公主的传说。

据赤烈曲扎《西藏风土志》载,古代吐蕃王朝三十五代赞普赤德祖赞时,王后江木赤尊生了个额宽鼻高的漂亮儿子,大臣们说是天神之子,故取名"江察拉温",意为"江木赤尊所生的天神之子"。孩子长大后,赞普听从大臣们的建议,派大臣孽·赤桑央顿到唐朝为子求亲。唐朝中宗皇帝欣然答应,选金城公主进藏。不料金城公主尚未抵藏,江察拉温却不幸骑马摔死。大臣们劝说悲痛中的金城公主嫁给赞普赤德祖赞。赤德祖赞长满络腮胡须,令人望而生畏,金城公主开始不愿意,经再三劝说,方同意当赞普之妃。赤德祖赞在他原建的"邓嘎颇章"宫殿旁边,专为金城公主建了一座"傍塘宫"。后人为纪念金城公主,把这地区称作"颇章"。

布达拉宫
赤德祖赞像

金城公主到吐蕃两年后，生一子，即有名的赞普赤松德赞。赤德祖赞的大妃子纳朗没有生育，便趁金城公主分娩时，抢走婴儿，并对外说孩子是她生的。大臣们难分真假，想出一个主意：把孩子放在草地尽头，让两人跑去抱，谁抱着孩子就是谁的。金城公主跑得快，先抱着孩子；纳朗随后赶到，就把孩子往自己一边死拉硬拽。金城公主怕亲生骨肉被拉伤，只好让纳朗抢去。赤德祖赞和大臣心里都明白了。孩子周岁那天，赤德祖赞举行宴会。唐朝来人和纳朗家族的人分两侧坐下。赤德祖赞用小金杯斟满酒，交给孩子，让他送给亲舅舅喝。纳朗家族的人拿出很多玩具、衣服招引孩子。但孩子一眼不看，端起酒杯直奔唐朝来人。扎囊县桑耶寺里，绘有一组表现这个"宴前认舅"故事的壁画。据说孩子被抢走后，金城公主悲痛欲绝，不梳不洗，纳朗也不许公主用水。孩子满周岁那天，金城公主不得不梳洗，但没有水，只好用抹头用的油洗洗，后泼在山坡上。现在这个山坡的地特别乌黑，草特别油绿。

历史上赤松德赞之母究竟是谁，学者们说法不一。这一传说反映了人们对唐蕃"舅甥情谊"的感情。

藏王墓

[从登天之绳到赞普墓地]

吐蕃赞普墓群位于山南穷结县城对面的穆日山上，亦称藏王墓。据藏文史料记载，此处共有21座墓，现可见9座，其中能确定葬者的仅松赞干布、弃都松、赤松德赞等墓。松赞干布的陵墓原有祠庙一座，内有松赞干布、文成公主的塑像及墓志一方，记载墓主及墓葬情况。《国王遗教》说，藏王墓"墓内九格，中央置赞普尸体，涂以金，墓内满装财宝。"《白史》也说，吐蕃"君死，赞普之乘马、甲胄、珍玩之类皆入墓"。墓志与之相符，现均无存。赤松德赞墓旁有一碑，碑上覆盖宝珠翘角顶盖，顶下浮雕流云，四角为飞天。雕纹刀法精练，线条流畅。关于此碑，一说因其生前大兴佛法，寺院立碑以示纪念；一说因其为金城公主之子，葬俗仿照内地。此外，有

穷结藏王墓群
松赞干布陵

的墓可能被雨水冲毁或被泥沙湮没，有的墓可能在吐蕃王朝末期赞普朗达玛被杀后、王子争位发生冲突"尽毁诸王陵"时被掘。

据史料记载，藏族发祥于山南泽当一带，后逐渐向南推进到雅隆河上游的穷结一带繁衍生息。公元前3世纪，聂赤赞普作为雅隆部落的第一个国王出现在藏史上，建立了部落奴隶制王国。到六七世纪，雅隆部落先后吞并了周围其他部落，赞普朗日伦赞又带兵翻过山北，打败吉曲（拉萨河）和年楚河流域的苏毗部落，称雄全藏。朗日伦赞死后，其子松赞干布继任赞普，迁都拉萨，建立吐蕃王朝。但旧王族仍留居故地，迁移到拉萨的赞普们也常回来居住，死后也要运回这里埋葬，所以形成了藏王墓群。

传说，雅隆部落第一到第七代赞普即聂赤赞普、牟赤赞普、顶赤赞普、索赤赞普、默赤赞普、达赤赞普、舍赤赞普，被称为"天降七赤王"。他们死后都由"登天之绳"上升虚空而消逝，因此无尸体陵墓。藏民说，他们的墓建在蓝天中，神身无形若彩虹般消失了。舍赤赞普之子、第八代赞普叫直贡，藏语"直"是刀剑意，"贡"是杀死意，即"死于刀剑下"。为什么取这样一个不吉利的名字呢？原来，老祖母为他取名时问："岩峰倒塌没有？草场烧焦没有？海子干涸没有？"家人回答："岩峰没塌，草场没烧，海子没干。"老祖母年老耳聋，所听刚好相反，认为是不吉之兆，便说："不死于水中，便亡于刀下，就叫直贡吧！"直贡继承王位后，勇猛好斗，常找臣民比武。一天，他找大臣洛昂达孜较量，并说国王的话是山上滚下的巨石，不得违抗，洛昂无法只得答应。比武那天，洛昂找来一百斗黄牛，牛角装金刀，牛背驮灰袋，洛昂赶着它们往前冲。一时间，灰尘滚滚，直贡什么也看不见。洛昂趁机用斧砍死了他，把他的尸体装进红铜匣沉于工布大河。这样，直贡的"登天之绳"不起作用了。洛昂自己夺取了王位，把直贡的两个儿子辖赤和聂赤撵到工布、波密一带。后来辖赤和聂赤在俄拉吉的协助下兴兵杀死洛昂，报了父仇，辖赤当了赞普。俄拉吉受命找到收藏直贡赞普尸首的龙王，龙王要一个"目如鸟目，下眼皮往上关合"的人作为代价。俄拉吉历尽艰辛，才在天涯海角找到这样一个小孩，赎回了直贡赞普尸首。辖赤、聂赤遂为其父亲举行葬礼，建立陵墓。此后，赞普都有了尸体和陵墓，渐成赞普墓群。

|桑耶寺|

[西藏千寺之祖]

在扎囊县境内雅鲁藏布江北岸的海不日山下，有片金碧辉煌的建筑群，这就是被称为西藏千寺之祖的桑耶寺。其主要建筑为乌策大殿及四塔。乌策大殿由祖拉康（佛殿）、中甬道、外圈大甬道组成。祖拉康殿中主尊系释迦牟尼佛像，共三层，各层建筑风格不一。底层藏式，二层汉式，顶层印度式。尾面设五顶，中间三重檐攒尖顶，四角四座单檐攒尖顶，类似中世纪婆罗门庙宇形式。大殿和甬道回廊均满绘壁画。围绕主殿约有一百零八座寺庙（不包括僧舍），完全按照佛经中的世界形成图说设计：乌策大殿象征世界中心须弥山，太阳、月亮殿象征日、月轮，四塔代表四大天王，大殿周围十二座佛殿象征须弥山四方咸海中的四大部洲和八小洲，圆形围墙象征世界外围铁墙。18世纪，清政府曾仿照它在承德兴建了普宁寺。桑耶寺始建于8世纪中后期吐蕃王朝赤松德赞时期，是西藏第一个出家僧侣修习之处。西藏习惯完整的寺院须有佛、法、僧三宝，桑耶寺

桑耶寺

可谓西藏寺院之祖。

在古代吐蕃王国第二十八代赞普拉妥日聂赞时代，佛教开始传入吐蕃。传说，拉妥日聂赞六十岁时，一天，天空骤现七色彩虹，降下吉祥花雨，响起悦耳仙乐，在灿烂的阳光下，《诸佛菩萨名称经》、《宝箧经》和舍利佛塔、密经咒语等，从天空降落到王宫雍布拉康屋顶上。王臣们感到万分神圣和惊奇，赶紧用绸缎把天降物品包起，取名"牛波桑瓦"，放进宫室供养。

曾有赞普预言，排到带"德"字的子孙当赞普时，将是弘扬佛法、佛教盛行的时代。第三十五代赞普赤德祖赞崇信佛教，借口祖先有预言，派金城公主随员桑西去五台山取经。谁知取得佛经回藏时，赤德祖赞已离开人世，八岁的赤松德赞继位。掌握实权的本教势力反对佛教，大搞禁佛，外来僧人被赶走，寺庙被拆毁，连有名的大昭寺也被改成屠宰场。赤松德赞成年后，决心弘扬佛法，派大臣白·色朗到尼婆罗国拜高僧菩提萨埵为师。白·色朗在尼婆罗被菩提萨埵赐法名益西汪波。益西汪波修成后，请师父一同回到吐蕃传教扬佛，并向赤松德赞建议兴建桑耶寺。赤松德赞选择雅鲁藏布江北岸三面环山处为寺址，以一箭射程为范围，开始建寺。谁知开工后，一筑就倒。他们认为是魔鬼捣乱，菩提萨陲便请来天竺镇魔能手白马穷乃（莲花生），才把寺建成。据说，莲花生曾在赤松德赞面前施作魔法，从手心中变出佛寺幻影。赤松德赞看了大吃一惊，命名"桑耶"寺，意为"存想"寺。史料还记载，桑耶寺古称"乌登勃寺"，因其仿照印度阿兰达苏里著名的乌丹达布热寺而建。完工后，藏王举行隆重的仪式，并剃度七名贵族子弟出家为僧，使桑耶寺成为西藏第一座拥有僧人的寺庙。赤松德赞为了在政治、经济上确保僧尼的权益，还特地立了一块石碑，就是著名的"桑耶兴佛证盟碑"。碑文规定，臣民对寺院要提供足够的奉献，后代不得减少和更改。此碑现立于桑耶寺乌策大殿正门南侧。

桑耶寺兴佛证盟碑

第六编 后藏之旅

扎什伦布寺

[达赖建寺　班禅驻锡]

在日喀则城西四五里的尼玛山南坡上,有片依山而建的建筑群,即藏传佛教格鲁派(黄教)在后藏地区的最大寺院——扎什伦布寺。藏语"扎什伦布"意为吉祥须弥。寺院红白相映,金碧辉煌,建筑面积近30万平方米,有大殿、佛堂、几世班禅的灵塔殿等。大殿中央的神殿内,有一世达赖根敦珠巴请藏、尼工匠精制的一尊5米多高的释迦牟尼金铜佛像,佛像体内有释迦牟尼遗体的舍利和宗喀巴的头发,以及根敦珠巴的经师西绕僧格的头盖骨。西侧大强巴殿里,有尊高26米多的镀金强巴佛铜像。铜像莲花座高3.8米,像高22.4米,面部约4.2米,耳长2.8米,手长3.8米,手掌宽约1.6米,中指长约1.6米,脚底长约4.2米,肩宽11.4米,鼻孔内可容一人。相传此像为1914年九世班禅曲吉尼玛亲自主持修造,由110个工匠用时4年,耗费大量紫铜、黄金和珠宝建成。佛教认为,五亿七千年后,强巴佛将接替释迦牟尼成为佛教至尊,所以很受信徒们崇拜。寺院还有"甲纳拉康"——汉佛堂,专设一室供奉清宫原作乾隆皇帝画像,设陈列厅陈列历代皇帝赠送各世班禅的诸多礼品,如金册金印、玉册玉印、隋唐古佛、永乐古瓷、欠叶经卷、元明织锦等。

扎什伦布寺始建于1447年，由宗喀巴弟子根敦珠巴（后被追认为一世达赖）主持兴建。根敦珠巴，后藏古墨人，从小刻苦学习佛法，后拜宗喀巴等人为师，成为佛教著名人物。1447年，他在大贵族曲雄朗巴·索朗白桑和琼杰巴·索朗白觉的资助下兴建扎什伦布寺，建成后任第一任寺主。根敦珠巴圆寂后第十一年，十一岁的根敦嘉措被当作根敦珠巴的转世灵童送到扎寺。由于时隔十一年才被当作灵童，根敦嘉措的转世地位长期遭到扎寺僧人的怀疑，并受排挤。二十岁那年，他终于离寺出走，到拉萨哲蚌寺学经，后任寺主。

17世纪中期，刚上台的五世达赖因年幼，无法控制局势，由德高望重的扎什伦布寺寺主罗桑曲结坚赞出面主持黄教事务。他依靠

扎什伦布寺

扎什伦布寺内的鎏金弥勒铜佛像（高26.7米，仅中指就有1.2米长，佛眉心的那点白毫就用去大小珠宝钻石1700多颗。佛像造型典雅肃穆，铸造工艺精湛细腻，美不胜收。）

第六编 后藏之旅

智慧和手段，终使黄教寺院集团在藏族社会取得绝对优势的地位。为表彰罗桑曲结坚赞，当时西藏的统治者固始汗赠给罗桑曲结坚赞"班禅博克多"称号（"班禅"原为对学识渊博的高僧的尊称，"博克多"为蒙语中对智勇双全的英雄的尊称）。康熙元年（1662）罗桑曲结坚赞圆寂后，其弟子五世达赖喇嘛阿旺洛桑嘉措为其寻找转世灵童，标志班禅转世系统的建立。班禅也就成为罗桑曲结坚赞历代转世的专有称号。与达赖活佛系统的推算方式相同，班禅活佛系统也与宗喀巴时代联系起来推算，罗桑曲结坚赞为第四世班禅。后人又追认了一至三世班禅。清康熙五十二年（1713），清政府册封五世班禅罗桑意希为班禅额尔德尼，赐金册金印，扎什伦布寺的班禅驻锡（居住及举行宗教活动）之地也因此正式确定。雍正六年（1728），清政府明确划定达赖喇嘛和班禅额尔德尼各自管辖的区域，班禅从此与达赖同为西藏地方政教领袖，各辖一方。

[大师圆寂　灵童转世]

20世纪的最后十几年，是西藏人民永远难忘的日子。在这段岁月中，他们失去了自己爱戴的班禅大师，同时又找到了大师的转世灵童，生命不息，佛法兴隆，在悲喜交加中跨进了新的世纪。

大师圆寂静悄悄

1989年1月28日，十世班禅大师圆寂。中央政府在大师圆寂的第三天即作出决定，在后藏扎什伦布寺为十世班禅修建一座金箔灵塔，供奉大师法体，以满足藏族僧俗信教群众的心愿。为此，国家拨专款6406万元，包括黄金614公斤以及白银与装饰用的大量珠宝。

西藏有多种多样的丧葬方式，而塔葬是极有名望的活佛才享有的最高级丧葬方式。把活佛遗体供奉于塔内的习俗，源于佛祖释迦牟尼时期，距今约2500多年。此种习俗，后来随佛教一并传入西藏。历史上，只有圆寂的达赖喇嘛法体可葬于金箔灵塔。按旧例，历代班禅灵塔均为银质灵塔。国家拨巨款破例为十世班禅修金箔包裹的灵塔，体现了对这位藏传佛教杰出领袖的高度评价。

这是后藏日喀则历史上第一座金箔灵塔，也是扎什伦布寺最壮

十世班禅
额尔德尼·确吉坚赞灵塔

观的灵塔。灵塔高11.52米，塔形是传统的尖顶、长颈、圆肚、方座的"欧久"灵塔造型。塔上镶嵌有1万多颗珠宝。"欧久"，是藏传佛教格鲁派创始人宗喀巴时期的一个高僧，他设计了这种形状的塔。后来许多著名活佛塔葬，均采用"欧久"塔形。

  班禅大师法体供奉在扎什伦布寺则甲大厅3年，灵塔建造完毕，大师可谓功德圆满，法体迎入灵塔，永世封存，供世人礼拜。

  为了安放灵塔，扎什伦布寺又建造了庄严宏伟的祀殿——释颂南捷。

  当时有4个名字供选择：释颂南捷、格列同巴益西朗杰、司畏其加、格桑朗坚畏林。高僧们将4个名字写在纸条上，并用糌粑包裹成丸，装入一瓶中，瓶置于十世班禅法体前，高僧们诵经祈祷，如此三天，然后晃瓶，跳出一丸，剥开一看，便是"释颂南捷"。释颂南捷，意为上界、人间、地下三界圣者的灵塔祀殿。

  大师圆寂以来，扎寺组织数百名喇嘛每日诵经祈祷灵童早日转世，同时还反复念诵破土、消灾、请土神搬迁之类的经文，并举行了一系列祈祷活动和密宗火祭仪式，以求灵塔修建圆满吉祥。为建这座祀殿，国家又拨专项经费780万元，黄金108.85公斤，白银1000公斤，以及水银、紫铜皮、木材、石材等大量有关材料。

  十世班禅灵塔祀殿选址在六世班禅灵塔祀殿遗址，其东侧是十世班禅大师亲自开光的扎什南捷，西边是著名的强巴佛（未来佛）殿，正前方是供奉有清朝皇帝画像和牌位的汉佛堂。

  1990年9月20日，释颂南捷正式开工。扎寺按传统宗教仪轨，举行了隆重的奠基仪式。在十世班禅母亲尧西·索朗卓玛的目送下，地基正中埋进了一个高1米、粗一围的铜质"聚福宝瓶"，瓶内装有五谷、珍宝、名药，及西藏各圣地的土、石、木、水。四周的墙体相应也埋进三十多个装有贵重物品的瓷瓶。埋瓶意在保佑灵塔永远稳固吉祥。在灵塔祀殿雏形初具时又往塔里装了《甘珠尔》、《丹珠尔》等二十多部经书。

  在1991年4月16日的主体建筑开工仪式上，二十三岁的木工赤列旺久，被喇嘛们选中安放第一块基石，其幸运的条件是属鼠、五官端正、父母健在、名字吉利（赤列旺久意为诸事成功）。

扎什伦布寺释颂南捷殿
（十世班禅灵塔殿）

灵塔祀殿释颂南捷的修建历时三年，于1993年8月15日竣工。从十世班禅大师圆寂到释颂南捷落成的五年期间，有几件轶闻颇具神秘色彩。

其一是，十世班禅由北京进藏亲赴扎什伦布寺主持五至九世班禅法体合葬灵塔祀殿扎什南捷的开光大典，由于过度操劳，大师突发心脏病，圆寂于历代班禅驻锡之地。此时此地圆寂，非功德无量之大师莫属。

其二是，十世班禅大师生前亲自审定了五至九世班禅合葬灵塔祀殿扎什南捷的设计方案，对方案极欣赏，竣工后，又是大师亲自开光。未料想，他亲自审定的扎什南捷设计方案，后来也成为自己的灵塔祀殿采用的建筑样式。

其三是，十世班禅大师主持扎什南捷开光大典时，曾指点着强巴佛殿和四世班禅祀殿之间说：此处略显空荡，如再造一带金顶的殿堂就壮观了。而现在，正是自己的灵塔祀殿补了这个缺憾。

其四，大师法身供奉一年后，剃光了的头上竟齐刷刷长出一头黑发。

寻访灵童路迢迢

十世班禅圆寂后，中共中央、国务院在保护十世班禅法体、修建灵塔祀殿的同时，作出严格按藏传佛教仪轨寻访认定转世灵童的决定。

藏传佛教和活佛转世最早开始于12世纪晚期。当时塔布噶举的四大支派之一的噶玛噶举派创始人都松钦巴（意为知三世）曲吉札巴，对噶举教法有很深的造诣，传说他得大成就，在卫、藏、康地区名望很大。他于1147年在昌都噶玛地方兴建噶玛丹萨寺，以地名、寺名自立噶玛噶举派宏传教法，人们尊称他为噶玛巴。为继承他的传统和声望，他在圆寂时嘱咐弟子们：他"将乘愿再来"。后来弟子们寻访到一名灵异儿童，认定为噶玛巴的化身转世，取名为噶玛拔希（噶玛派的法师）曲吉喇嘛。后来修学大成，在藏蒙各地弘传教法，被元朝宪宗皇帝蒙哥赐册印封为国师，并赐一顶金边黑色法帽，从此该派成为噶玛噶举金边黑帽派。之后其教派势力得到更大的发展。当他圆寂时，嘱咐弟子邬金巴"拉朵方向必出一继承黑帽派系者，在未来之前，汝当代理一切"，遂将金边黑色法帽戴于邬金巴头上，随即圆寂。至此，活佛转世制度在噶玛噶举派中正式固定了下来，以都松钦巴为噶玛巴一世，噶玛拔希为第二世，相传至今已转至第十七世。

继噶玛噶举黑帽派之后，其支派噶玛噶举红帽派也沿袭了转世办法传承，该派活佛转至第十世却朱嘉措时，因叛国而被清乾隆皇帝于1791年废黜，不准转世。16世纪中叶，格鲁派寺庙随着政治经济实力的增加，又因遭受其他封建势力和教派的排挤、压制，为求生存及既得利益的巩固，哲蚌寺袭用了活佛转世制度，于1564年寻找了一位聪慧儿童作为该寺深得众望的第九任法台及色拉寺的第十世法台更顿嘉措的转世灵童，取法名为索朗嘉措来承袭两寺法台之位（即后来追认的第三世达赖）。与此同时，后藏地区安宫寺高僧圆寂后，寻找到一名聪慧儿童，认定为其转世的化身，取法名为罗桑曲吉（即后来追认的第四世班禅）。从而格鲁派前后藏承袭了活佛转世制度。嗣后藏传佛教各教派（包括苯波教）相继普遍沿用活佛转世制度。

清泉心上流
王文芳

自噶玛噶举派首创活佛转世制度，流传至今，已逐步发展为大小不等的众多活佛转世系统。仅由清朝中央政府在蒙藏地区册封为呼图克图以上，在理藩院注册，由中央直接管理的大活佛就有160多名。其大体分布情况是：西藏39名；内蒙57名；外蒙19名；青海、甘肃35名；常驻北京14名。

此次灵童寻访工作经历了诵经祈祷、观湖显影、秘访聪慧灵异儿童、辨认十世班禅遗物等一系列宗教程序。

十世班禅圆寂后，西藏、青海、甘肃、四川、云南的各大寺院进行了诵经祈祷，诵《甘珠尔经》、《丹珠尔经》等几十种佛经，多

山水中国
宁青藏卷

盛世
任惠中

第六编 后藏之旅

则五百多万遍,少则十几万遍。

　　1989年6月寻访人员择吉日到拉萨大昭寺朝拜并供奉释迦牟尼佛后,来到日喀则仁布县境内的雍杂绿措和山南加查县境内的曲果甲拉姆拉措湖,观看神湖显影。综合前后两次观湖情况和十世班禅圆寂时面朝北的遗像预示,确认了灵童降生方位在日喀则东部或东北部,属相应为蛇、马、羊。

　　1992年2月24日,寻访灵童工作进入实质性阶段。寻访领导小组首次派出高僧活佛组成的三个秘访小组,分赴西藏、青海、甘肃、四川、云南五省区,在四十六个县境内寻访出二十多名灵异男童。接着又进行了二次、三次秘访。根据观湖预示的方位、灵童属相、出生地的特征和实地寻访的情况,特别是男童的不同吉兆,反复比较、分析研究,逐一过滤,筛选出数名男童。最后又选出三名雪域高原最具吉兆的男童参加金瓶掣签。

金瓶掣签遵仪轨

　　金瓶掣签所用的金瓶,是清乾隆五十七年(1792)乾隆皇帝特为认定达赖、班禅和各大呼图克图转世灵童所特赐的。当时以皇帝

乾隆皇帝颁赐给西藏地方政府的金奔巴瓶

十一世班禅坚赞诺布

钦定的名义,正式颁布了金瓶掣签的制度。这里不仅体现了中央政府的权威,也体现了认定转世灵童的公开、公正、公道的原则。

这次认定十世班禅转世灵童,为严格按照宗教仪轨和历史定制办事,把百余年来没有用过的这只金瓶,提前7天迎请并供奉在十世班禅的拉萨雪林·多吉颇章内,并组织了以甘丹池巴波米·强巴洛追为首的15名西藏佛教界的高僧大德,专门举行了主尊金刚大威德十三尊护法神作为意念的主尊佛密宗佛事活动。高僧大德们还亲自查证金瓶内有无签牌,确认金瓶内有三根等高的空白象牙签牌后,放进特为供奉金瓶所设佛龛中,用封条封住佛龛,反复念经,虔心祈祷,祈盼十世班禅转世灵童早日认定。与此同时,西藏、青海、甘肃、四川、云南等地藏区的几十个寺院,都为班禅转世灵童早日认定进行了诵经祈祷活动。

掣签的吉日择定在1995年11月29日。这天凌晨2时,一位高僧郑重地走到供奉金瓶的佛龛前,开启封条,双手捧出供奉多日的金瓶。此时几位高僧大德围绕着金瓶,齐声念诵金瓶经。尔后,将金瓶装入特制的盒子,从雪林·多吉颇章迎请到大昭寺。迎候在大昭寺的喇嘛仪仗队,将金瓶迎到寺内,亲手交给扎寺民管会主任喇嘛·次仁。喇嘛·次仁虔诚地用双手把金瓶捧放到释迦牟尼像前,继续供奉到凌晨5时掣签仪式开始。

据史料记载，在历次举行金瓶掣签时，候选儿童的名签都是用黄纸包裹密封的。这次宗教界权威人士指出，用黄纸密封签牌，易出现签牌在金瓶内摇动时由于摩擦、碰撞导致黄纸破裂、脱落而产生作弊之嫌。因此，为了做到准确无误、严明认真，特地改用黄绸制成口袋包裹。

在中央代表和大德高僧的严格监督下，按传统仪轨进行了金瓶掣签，掣出嘉黎县坚赞诺布为十世班禅转世灵童真身。经国务院批准，当天下午4时，在拉萨雪林·多吉颇章隆重举行了册立典礼，坚赞诺布正式继任为第十一世班禅额尔德尼。

夏鲁寺

[手杖选址　嫩叶为名]

夏鲁寺位于日喀则东南30公里处的丛堆区，由大殿、四个扎仓及僧舍组成，为典型的汉藏建筑综合体。殿宇造型为内地寺院的高

元代古刹夏鲁寺

屋脊、双泻水、瓦顶流槽的建筑风格，殿墙则采用藏族风格的不规则石砌殿墙。

夏鲁寺的创建者为洛敦·多吉旺秋的弟子吉尊·西绕琼乃。洛敦·多吉旺秋于998年与佛教徒鲁米等十人，到青海河源地区拜因朗达玛毁法而从西藏逃去的大喇嘛贡巴绕色为师，学成后归来，在今日喀则县甲措区建一小寺庙，取名"坚孔"，收徒扬法。吉尊·西绕琼乃就在这时随洛敦·多吉旺秋出家受戒。据载，吉尊·西绕琼乃的家族原为香雄地区王裔，后事吐蕃王朝。吉尊一心仿效师父建寺扬佛。传说，一日，他请教师父何处建寺好，师父回答："我把手杖当箭射出，落地之处建寺。"手杖落在离坚孔寺不远的新生嫩叶上，吉尊·西绕琼乃便在那里建寺，时为1087年，寺名"夏鲁"，意即新生嫩叶。1329年，夏鲁寺在一次大地震中遭毁灭性破坏，吉尊·西绕琼乃的后代吉栽在元朝皇帝的资助下，请来汉族工匠与当地工匠合作，于1333年重建成现在规模，据说还用了从内地运来的一些琉璃瓦、瓷雕、方砖。负有盛名的布顿大师曾任寺院主持。他编纂了大藏经《丹珠尔》部，并撰写了著名的《布顿佛教史》。其弟子被称为布顿派或夏鲁派。

寺内有四宝：拼经板，由一百零八块小木板拼成，已有七百多年历史，据说前人曾传话，此板不能拆，拆后不能再拼成块；铜坛，内盛水，用红布、封条封住，十二年开封换一次水，开封后为圣水，据说可洗净一百零八种污垢；盆形巨石，传为当年吉尊·西绕琼乃洗脸所用，下雨时，水滴盆满，再倒不会流出；石板，上写"唵嘛呢叭咪哞"，边上刻四个玲珑小塔，据说是建寺时从地下挖出，故为夏鲁寺基石。夏鲁寺的雕塑十分著名，几百年前用土水泥塑成的佛像，至今栩栩如生。

羊卓雍湖

[高原碧玉]

拉萨西南170多公里的浪卡子县境内，喜马拉雅群山之间，有

羊卓雍湖

个美丽的湖泊——羊卓雍湖。"羊卓",藏语上部牧场之意;"雍",碧玉之意。湖泊海拔4400余米,面积621平方公里。站在高处眺望,白云飘荡,雪峰耸立,湖泊如同一颗镶嵌在群峰中的蓝色宝石。春末至初冬,湖面水鸟起落,湖畔牛羊往来,是放牧、捕鱼的好地方。民歌唱道:"天上的仙境,人间的羊卓;天上的繁星,湖畔的牛羊。"

围绕羊卓雍湖还有个优美的传说。以前,羊卓雍湖只是个很小的泉眼。附近有个善良的小伙子,叫达娃,从小给富人背泉水,每天起得比鸡还早,睡得比狗儿还晚,吃的是三碗下等糌粑。一天,他掬起一捧泉水正要喝,突然发现手里有条小红鱼。他怜惜地把红鱼放回水里,红鱼甩甩尾巴游走了。一会儿,一位美丽的姑娘出现在他的面前,说:"我就是那条小红鱼,被妖魔追赶来到这里,谢谢你救了我的性命。为了表达我的感激,送你一颗宝珠。你可以用它换牛羊、房子,自己劳动自己生活。"说完,姑娘不见了,留下一颗闪闪发光的宝珠。达娃得到宝珠,回去向富人告辞。富人得知后,馋涎欲滴,追问宝珠来历。达娃老实,把经过一五一十地讲了。富人既想得到宝珠，又想得到仙女，就甜言蜜语地哄骗达娃带自己到泉边，等仙女再来。等了很久，喊了很久，也不见仙女的身影。富人趁达娃不备，夺走宝珠，把他推下泉里。这时，姑娘出现了，她愤怒地说："你这个狠心的人，应受惩罚。"说完，她拿出条红纱巾向富人一甩，富人立刻变成一只乌鸦，哇哇叫着飞走了。据说这就是高原上第一只乌鸦。姑娘又把红纱巾向四面八方摆动，泉水"突突"地奔涌出来，直冒了一百天，变成一个大湖，就是现在的羊卓雍湖。据说，每天太阳刚露出，人们就能看见一男一女在湖面上游玩，那就是达娃和红鱼姑娘。

珠穆朗玛峰

[圣洁女神]

自拉萨出发向西南行约七百公里，到海拔5000米的绒布寺向南眺望，可见一座巨大的银白色"金字塔"巍然屹立在群峰之间，挺拔突兀，瑰丽壮观，这就是被人们称为"地球第三极"的世界第一高峰——珠穆朗玛峰。它位于喜马拉雅山中段、定日县中尼边境处。1975年，经中国测绘人员与登山队员共同测定，珠峰的实际高度为海拔8848.13米，并以平均每年增长10毫米的速度上升。由于珠峰的崇峻巍峨，古代藏民将它尊为神明。11世纪的高僧米拉日巴曾在珠峰一带的山洞中修行过九年。他在诗歌中赞颂了珠峰的壮观和圣洁：

直入天空的三角形雪山巍峨高耸，她那鹏鸟一般的头部装饰着水晶饰物，这些水晶饰物闪耀着日月般的熠熠光辉；她的上方飘浮着洁白的流云，她的头在云中轻轻摇动，她的下方镶着五色斑斓的彩虹，中部山崖摇曳着碧玉般的眉毛……

相传喜马拉雅山区本是一片蔚蓝色的大海。岸上有森林、山岭、草地，林中长着奇花异草，住着斑鹿、羚羊、犀牛，飞着杜鹃、画

山水中国 宁青藏卷

珠穆朗玛峰

第六编 后藏之旅

俯视喜马拉雅山

眉、百灵鸟。一天，海里突然来了头巨大的五头毒龙，它搅起万丈海浪，摧毁了森林，淹没了草地，动物们吓得四处奔跑。它们奔向东边，森林倾倒，草地崩塌；奔向西边，风卷云压，涛狂浪恶。正在这时，大海上空飘来五朵彩云，飘到海边变成五部慧空行母。她们施展无边法力，征服了五头毒龙，把它压在大山下。大海风平浪静，鹿、羚、猴、鸟又过上安定幸福的生活。当众仙女准备告辞回天庭时，动物们苦苦哀求她们留下来，为大家谋利益。众仙女以慈悲为怀同意留下。她们喝令大海远去，于是，东边变成茂密的森林，西边变成肥沃的良田，南边变成繁茂的花园，北边变成宽敞的牧场。五位仙女变成喜马拉雅山脉的五座主峰：翠颜仙女峰、祥寿仙女峰、贞慧仙女峰、冠咏仙女峰、施仁仙女峰，屹立在西南方，守卫着幸福的乐园。为首的翠颜仙女峰便是珠穆朗玛峰，当地人民亲切地称为"神女峰"。（也有传说称祥寿仙女峰为珠峰，或珠峰在五姐妹中排行第三，称"第三女神"。）

在西藏佛教的图画中，代表珠峰的神女全身白色，骑一白狮，右手举一黄金九尖金钢杵,左手捧一大长宝瓶。

近年我国学者在喜马拉雅山区先后采集到两条深海动物——鱼龙的化石,证明在一亿八千万年前这里确是一片汪洋大海,看来民间传说是有一定现实根据的。

喜马拉雅山还与佛教创始人释迦牟尼结下不解之缘。佛经《中阿含经》、《大集经》等载,中印度迦毗罗王净饭王太子释迦牟尼,二十九岁(一说十九岁)时与五名侍从一起出家,入雪山苦行六年。其时,"日食一麋一米麦,精进昼夜不睡眠,身形唯有皮骨在。"出山后,至尼连禅河洗浴,在迦耶山菩提树下悟道。此处雪山,相传指喜马拉雅山。《涅槃经·圣行品》也载:释迦牟尼在"佛日未出"的过去世,在雪山苦行修道。帝释见大士独修苦行,就化为罗刹,以试其心。罗刹在其前诵读半偈:"诸行无常,是生灭法。"大士闻偈心喜,求偈后半。罗刹曰:"我今饥逼,实不能说。"大士问欲食何食,罗刹道:"我所食者,唯人暖肉;我所饮者,唯人热血。"大士断然应诺:"但能具足说是偈竟,我当以身奉施供养!"于是罗刹说出后半偈:"生灭灭已,寂灭为乐。"大士书偈语于石壁、道树后,"升

远眺喜马拉雅山

高树上,投身于地",欲以身血饲罗刹。此时,罗刹复还为帝释,接住大士之身,安置平地,忏悔顶礼而去。雪山大士释迦牟尼以"为半偈舍身因缘,超十二劫,在弥勒前成无上道"。相传释迦牟尼苦行、闻偈的雪山,亦即喜马拉雅山。《涅槃经》描写"其山清净,流泉浴池,树林药木,充满其地"。帝释在此传释迦牟尼的四句偈语,后人称为"雪山偈"。

南北萨迦寺

["第二敦煌"]

萨迦县境内,有萨迦北寺和萨迦南寺,分别位于仲曲河北岸的奔波山南坡和仲曲河南岸平原地带,创建人为萨迦教派创始人昆·贡觉杰布。

11世纪中叶,西藏第一代有名的佛学家鲁益旺波的第七代子孙昆·贡觉杰布为传授他所信奉的新密,在冲堆的仲曲之南查吴龙建一寺庙,名白钦宫。一天,他走出庙门,抬头远望,觉得仲曲北面峰峦起伏,就像一头卧在草地上的巨象,巨象腹部是一片灰白土山,前面仲曲河奔腾流过。他感到这是块福地,若在巨象腹上建寺,定会佛光普照,他找到山地的领主向雄果,要求拨地建寺。向雄果慷慨地把从象头到象尾的一片地给他建寺。贡觉杰布便于四十岁那年(1073)在仲曲河北岸灰白土山旁建起寺庙,人们用藏语"灰白土"——"萨迦"给寺命名,此为萨迦北寺。到了贡觉杰布之子昆·贡嘎宁布时,萨迦寺的新密乘大力传播,自成新体系,为萨迦派。

13世纪初,蒙古各部落在成吉思汗的统治下,在北方兴起。1206年,蒙古军队从北面进入西藏,部分地方首领及官吏决定向蒙古臣服。成吉思汗的孙子阔端了解到宗教势力在西藏政治经济生活中的重要地位,认识到要统一西藏,必须借助当地宗教势力,便邀请教派中影响最大的萨迦寺寺主贡嘎坚赞(萨迦班智达,意为大学者,著有《萨迦格言》等名著,一说他还创造了蒙文四十多个字母。)前往凉州(今甘肃武威)会面。贡嘎坚赞携其侄八思巴(意为圣者,精通佛典）和恰纳于1246年到凉州。会晤中，贡嘎坚赞代表西藏地方势力与蒙古王室达成协议，议定西藏归顺蒙古。贡嘎坚赞死后，八思巴继任寺主，曾几度赴内地朝见蒙古忽必烈。1260年，忽必烈称帝。1264年，迁都北京，在北京建立中央政权，授予在他身边多年的八思巴为首任"灌顶国师"，领辖全国佛教事务及西藏地区行政事务。八思巴还奉忽必烈之命制订了"蒙古新字"，俗称"八思巴字"，1269年作为国字正式颁行。1270年八思巴升号"帝师"、"大宝法王"。

1265年，八思巴受命返藏，回到萨迦，建立政教合一的萨迦地方政权，西藏正式归元朝中央政府统辖，萨迦寺又成为行政机关所在地。1268年，八思巴授意"本钦"（意为大官）贡嘎桑布兴建萨迦南寺。贡嘎桑布征集全藏十三万户的人力物力，并请内地汉族、蒙古族匠师指导，建成南寺。南寺的主体建筑是"拉康钦莫"大殿，殿内有大柱四十根，中间四根尤为粗壮。其中有根三人才能合抱的大柱子，人称之"加那色钦嘎娃"，意为"内地元朝送的柱子"。传说，当年八思巴在元朝廷任职时，想回萨迦建造寺庙，元帝知道后，便选了根直径四尺的大柱子赐给他。但柱子太大，无法运回西藏，八思巴深感惋惜，只得弃之。谁知当他回到萨迦时，那根大柱子已漂浮在仲曲河上。

寺内藏有一万多部经典，多为八思巴时集中全藏缮写家，包括用金粉、朱砂等抄录的佛经以及有关天文、地理、历算、医药、文学、历史等方面的藏文典籍，有"第二敦煌"的美誉。还有宋元古瓷、玉钟、玉板，元朝皇帝送的服饰，元明织锦等。其中四十几幅"唐嘎"（轴画卷），以连环画形式表现了"萨迦五祖"（对萨迦教派最有贡献的五个人：贡嘎宁布、昆·索朗则姆、扎巴降赞、贡嘎坚赞、八思巴）的传说。其中一幅的内容为：贡嘎坚赞精通佛学，名扬藏区。印度佛学高僧卓旦嘎娃不服气，认为雪域偏僻地方，哪有能人，便上门辩论。两人直辩了十三天，卓旦嘎娃失败认输，只好拜贡嘎坚赞为师。从此，贡嘎坚赞被称为"萨迦班智达"（大学者）。

萨迦寺还是元朝流放朝廷重犯之地。很多史料记载，南宋末代皇帝赵㬎就是被发遣到这里，在晨钟暮鼓中度过余生的。

西藏萨迦寺
莲花生化虹图

西藏萨迦寺
怖畏金刚唐卡

西藏萨迦寺
喜金刚铜像

西藏萨迦寺
法身普贤木板画

白居寺

[奇塔高耸兆瑞祥]

　　白居寺始建于明代初期，创始者为当时江孜地区势力首领饶丹·贡嘎帕。公元1414年，由贡嘎帕的孙子曲吉饶登贡桑帕与一世达赖喇嘛共同扩建。后经不断维修，得以保存至今。

　　白居寺的藏文全称叫吉祥轮上乐金刚鲁希巴坛城仪轨大乐香水海寺，简称班廓德庆，即吉祥轮大乐寺，俗称"班廓曲策"，也就是吉祥轮寺。

　　白居寺位于西藏江孜城西。该寺三面环山，四周围墙环绕。可能是历史上出于防御的需要，墙上有垛口和敌楼，远看状似城堡。

　　白居寺内有古巴、洛布干、西乃、拉刚等十七座扎仓。这些扎仓，分属藏传佛教的萨迦派、噶丹派和格鲁派。这种多教派合一的寺庙，在西藏、在全国都是少见的。

　　白居寺有马林、荣康、甘登、巴久、凯居等五座佛殿。其主体建筑是措钦大殿。

　　措钦大殿坐北朝南，平面为十字形，高三层。一层有佛堂、经堂、正殿、东净土殿和西净土殿等，殿中分别供奉着强巴佛、三世佛、卢舍那佛和千手千眼十一面观音像。二层是寺僧集会的场所，有拉基大殿、郎斋夏殿、登觉殿等。明代留下的十六尊罗汉泥塑像，就保存在这里。三层有夏耶拉康等，墙上绘有五十五个大小不等的坛城。

　　白居寺中最有特色的建筑是白阔曲登塔，亦即白居塔。该塔建于公元1414年。塔内的塑像和壁画中的神像有十万余尊，人们因此叫它十万佛塔。塔中有佛龛、佛殿七十七间，所以又有"塔中寺"的美誉。塔内有许多精美壁画。塔高四十米，占地2200多平方米。全塔由塔座、塔瓶和塔顶三部分组成。塔座分四层，四面有二十角，略有收分。塔瓶直径20米，内有佛殿四间。塔外装饰很有特色，令人赞叹。

　　白居寺是我国现存的一座独具特色的艺术宝库。在白居寺的各座佛堂、佛殿之内，佛像和壁画琳琅满目。这里的雕塑和壁画，是吸收了尼泊尔、印度、克什米尔和汉族、藏族的技法而创作出来的，汇集了我国艺术史上著名派别江孜派的精品。该寺1996年被国务院列为全国重点文物保护单位。

宗山炮台

[巍巍炮台抗英歌]

江孜县宗山上，原有古城堡和炮台。20世纪初，西藏军民曾凭此英勇抗击入侵英军，谱写了一曲壮歌。

1903年底至1904年初，盘踞在印度的英帝国主义派荣赫鹏率领

抗击英军入侵的西藏守军

江孜古堡

一千四百人的军队从亚东侵入西藏,于1904年4月占领江孜。侵略军所到之处,烧杀抢掠,无恶不作。5月1日,十三世达赖发出抗英动员令,数千军民在泽年和俄母龙二首领指挥下,不到一月夺回江孜及炮台。另一支军队和民兵袭击了英军大本营,差点活捉荣赫鹏。英军仓惶溃退,荣赫鹏亲往境外求援。7月初,增援的英军抵达江孜,重兵包围宗山。江孜军民坚守阵地,宁死不屈,饮水被敌军切断,就半夜吊绳下山,从污潭汲取积水。一日,英军集中炮火向宗山堡垒轰击,发起进攻。宗山军民在白居寺、紫金寺火力的支援下,拼死抵抗。不料山上一运取火药的士兵不慎将火带入火药库,引起火药库爆炸，英军趁机发起强攻。驻守堡垒的军民土枪火药用完，来复枪子弹打尽，就用石头、木棍、"俄尔多"（一种可以将石头掷得很远的羊毛制宽带子）继续抵抗。恶战持续了三天三夜，最后，少部分军民冲出重围，退守白居寺；大部军民或与敌肉搏，或扭敌跳崖，壮烈牺牲。虽然炮台多被侵略者摧毁，但座座残垣断壁记下了英军的罪恶，显示了西藏军民的不朽战绩和崇高精神。

第七编　阿里之旅

古格王国遗址

[吐蕃后裔留遗迹]

在边陲札达县境内象泉河南岸泽布兰的一座高300余米的黄土山上,残留着古城遗迹即西藏历史上著名的古格王国遗址。东面山坡上,像蜂巢似地密布着三百多孔洞穴,三百余幢房屋依山叠砌,从地面到山顶组成雄伟的建筑群。外有黄土垒成的城墙,墙上可见众多石刻佛像;下有四通八达的地道,各各相连。山的东北侧屹立着七个土砌的碉堡和三排10余米高的佛塔,另有洞窟、喇嘛庙等,显示出一派恢宏气势和独特的建筑风格。

遗址的主体建筑是寺庙和王宫,均系土木结构,平顶,梁柱和天花板上都有各种花纹彩绘,上方有木雕飞檐,主要雕刻狮、马、象、龙、孔雀等,大概与当地四"神水"(狮泉河、马泉河、象泉河和孔雀河)的神奇传说有关。寺庙和宫室周围洞窟分藏武器弹药、盔甲盾牌、生产用具、炊事器皿和藏文典籍等。其中盔甲用牛皮绳串小铁片而成,重达10公斤。盾牌用藤条编制,牛皮条铁片加固,中有圆形铁帽,具有中世纪武器特征和高原地方色彩。

古格王国被众土林远远近近地环抱其中,因其是用取自周围土

古格王国遗址

林的黏性土壤建筑而成,所以古老城堡的断壁残垣与脚下的土林浑然一体,使人难以分辨究竟何为城堡、何为土林。每当朝霞初起或夜幕降临之时,古格遗址便会在土林的映衬下透射出一种残缺美、悲壮美。

　　古格的住宿有严格的等级制度:山坡上是达官贵族的住宿,山下是奴隶居住,有的洞窟则是僧侣的修行地。有这样陡峭的山壁作为屏障,要爬上山顶比登天还难。那么古格人自己又是如何上山的呢?原来聪明的古格人在山体内修筑了许多暗道,暗道中某些类似窗户的洞既可采光又可用来防御。这些暗道迂回曲折,拾阶而上可直达山顶王宫。

　　王宫总是高高在上,这一方面是为了防御,另一方面也象征着国王至高无上的权力。然而,战火摧毁了城堡,黄沙淹没了豪杰,眼前满目凄凉,千古沧桑。一个兴起于10世纪,演出了七百年灿烂历史活剧,经历过十六位世袭国王,拥有过十万之众的庞然大国,竟

古格故城壁画和塑像

古格王国遗址中的吉祥女神壁画

然在1635年拉达克人入侵的战争中瞬间灰飞烟灭。它为什么会消失得这样突然？当年的十万之众为什么会无影无踪？这确实是一个充满诱惑的千古之谜。

古格壁画是古格艺术的精品，虽然他们已经沉睡了几个世纪，如今依然光彩照人。这些壁画包括佛教故事、神话传说以及当时古格人的生产、生活场面等等，内容十分丰富。透过这些绚丽斑斓的图画，人们不难窥视到昔日古格王朝的政治经济活动以及文化风情，从中去追寻古格兴盛与消亡的历史。

近十数年间于古格遗址周围不断发掘出的雕刻、造像及壁画等，有助于揭开古格王朝的神秘面纱。古格雕塑多为金银佛教造像，其中成就最高的是被称为"古格银眼"的雕像。而遗存数量最多、最为完整的是它的壁画。古格壁画气势宏大、风格独特，全面地反映了当时社会生活的各个方面。所绘人物性格突出，用笔洗练，丰满动感的女性人物尤具代表性。由于所处地理位置及受多种外来文化的影响，古格的艺术风格带有明显的克什米尔及犍陀罗艺术特点。

古格盛产黄金白银，在托林寺、札不让、皮央东嘎都发现过一种用金银汁书写的经书，而且出土的数量极大。这种经书书写在一种略呈青蓝色的黑色纸面上，一排用金汁、一排用银汁，奢华程度无以复加。

最早对这座古城遗址进行考察的是英国人麦克活斯·扬。1912年，他从印度沿象泉河溯水而上，来到这里进行考察。此后便有探险家、旅行者、摄影家和艺术家们源源不断地来探奇访幽。但真正

古格王国出土"古格银眼"铜像

的科学考察是从1985年西藏自治区文管会组织的考察队开始的。经他们实地测量,遗址总面积约为72万平方米,调查登记房屋遗迹445间,窑洞879孔,碉堡58座,暗道4条,各类佛塔28座,洞葬1处;发现武器库1座,石锅库1座,大小粮仓11座,供佛洞窟4座,壁葬1处,木棺土葬1处。

古格王国是在吐蕃王朝瓦解后建立的。815年(唐元和十年),吐蕃赞普赤德松赞去世,其子赤祖德赞继赞普位。赤祖德赞积极崇佛,极力提高僧人的政治地位,引起贵族势力的不满。838年(唐开成三年),赤祖德赞被贵族杀害,他的弟弟达玛在贵族的拥戴下即赞普位。他上台以后,吐蕃连续发生空前的瘟疫、霜雹和洪涝灾害,反对佛教的贵族遂制造舆论,把一切自然灾害都归咎于信奉佛教。达玛采取了和赤祖德赞相反的政策,开始了大规模的灭佛运动,下令封闭境内的全部佛寺,焚毁佛教经典,把佛像抛入河中,并强迫僧人还俗,不愿还俗者强迫他们从事屠夫、猎人等违反佛教戒律的职业。尊信佛教的人视达玛为牛魔王下凡,称他为"朗(藏语:牛)达玛"。842年(唐会昌二年),他被僧人拉隆·贝吉多杰刺死。

拉隆·贝吉多杰刺杀朗达玛的故事颇具传奇色彩。据藏文史籍记载,贝吉多杰正在山间幽谷的洞窟修行三昧,忽有一位空行母出现,对他说:"藏土能在佛教中表现功德者,舍汝莫属,朗达玛王以残酷手段谋将佛教灭绝,今杀非法者时期已到,吾与汝同在,莫恐怖。"空行母言毕即隐。贝吉多杰便找来一匹白马,用颜料将它全身涂黑,自己则穿上一件黑面白里的外套,贴身藏了弓箭,骑马来到布达拉宫前,表演奇妙的舞蹈游戏。朗达玛正在宫前阅读《甥舅联盟碑》,贝吉多杰且舞且低首施礼,向朗达玛靠近。他低首三次,一次搭箭上弓,二次张弓待发,三次口中念道:"风环地,地环水,水

嘎尔古堡

岗巴古堡

灭火，金翅鸟胜水龙，金刚石穿宝石，天神制阿罗修，佛陀胜狮子王，我亦如期杀非法之王。"言罢对准朗达玛的胸口猛射一箭，朗达玛大呼一声倒地而亡。贝吉多杰立即将外套反穿，趁着混乱之际策马而逃，途中经过一湖又将马身所涂黑色洗去，变成白人白马，顺利逃脱。

朗达玛被刺后，吐蕃王室陷入分裂。据藏文史书记载，吐蕃王朝最后一代赞普朗达玛有一后、一妃，后无子，妃有一子，取名朗堆维宋。朗达玛死后，王后在民间拣来一婴，说是自己所生的朗达玛的遗腹，取名云木巅。兄弟俩长大后，分占以"乌如"为中心和以"约如"为中心的两个地区。他们的争斗延续到他们的儿子。朗堆维宋之子白果赞被云木巅下属所杀，白果赞的两个儿子吉德尼玛衮和扎西孜白在法臣的扶持下往西逃亡。吉德尼玛衮逃到拉堆（阿里）的芒宇——玛旁雍错附近，娶当地部落头人扎西增之女为妻，慢慢发展成雄踞一方的势力。他们生了三个儿子：白德衮、扎西衮、德祖衮。德祖衮在今扎达县境内建立了古格王国。

据《西藏王臣记》记载，古格王国世袭了十六个国王，是吐蕃王朝灭亡后，西藏四百年分裂局面中势力较为强大的王朝。

古格王国的统治中心在扎达象泉河（藏语为朗钦藏布）流域，北抵日土，最北界可达今克什米尔境内的斯诺乌山，南界印度，西邻拉达克（今印占克什米尔），最东面其势力范围一度达到冈底斯山麓。其都城札不让位于现扎达县城西18千米的象泉河南岸。札不让北面的香孜、香巴、东嘎、皮央遗址，西面的多香，南面的达巴、玛那、曲龙遗址等，都具有相当的规模。

古格王朝崇尚佛教，多次派人到克什米尔学经，翻译佛经108部，而且使佛教在吐蕃瓦解后重新找到立足点，并由此逐渐达到全盛。得佛教之益，王朝历数百年不衰。1042年，印度高僧阿峡底到阿里地区弘法，使阿里成为佛教复兴之地，佛教史称之为"卜路弘法"。当时古代印度的许多重要佛教教义，就是从这里传入西藏腹心地区的。因此，古格王朝不仅是吐蕃世系的延续，而且在西藏历史上也具有重要意义。

17世纪中叶，古格王朝发生内乱，国王之弟请拉达克军队攻打王宫，王朝被推翻。古格覆亡后，并入拉达克（今克什米尔）一段时间，后被以达赖喇嘛为首的西藏地方政府重新收回。

|托林寺|

[国王舍己请大师]

托林寺位于阿里西南边陲的扎达县境内，紧挨象泉河，分殿堂、僧居、塔林三部分，呈长条形状。其中殿堂有迦萨殿、弥勒殿、十八罗汉殿、白殿、集会殿、护法神殿等。主要建筑迦萨殿，结构仿桑耶寺，表现佛经世界形成图说。中间方殿表示须弥王山，环廊外圈东南西北四向的四组佛殿分别代表"东胜身洲"、"南赡部洲"、"西牛货洲"、"北俱卢洲"，四角的四座佛塔代表四天王天等，一幢建筑表现了桑耶寺一组建筑群的内容。现除两幢殿堂尚存外，其余已是断壁残垣。

托林寺为古格王国时建筑。842年，吐蕃赞普朗达玛因反佛灭法被僧人刺死，吐蕃王朝灭亡，地方豪强纷起各据一方，位于阿里地区的古格王国就是当时较著名的割据势力之一。遭受灭法打击的佛教一度沉寂后再次兴起。

在古格王国，第一代王德祖衮长子益西沃（汉语称天喇嘛智光）和大译师仁青桑波创建了托林寺。益西沃原名柯日，其后半生一心求法，弃位为僧。相传，他亲自前往天竺（印度）迎请佛学大师，途经噶洛国被俘，惨遭大刑。其侄孙江曲沃（天喇嘛菩提光）闻讯，请求用黄金赎还。噶洛国索要与益西沃身体等量的赎金，江曲沃所有黄金还不足一头之量。益西沃说："用重金赎我，只能带回一个废人，还不如携这些黄金往天竺毕札马拉西寺，迎请阿底峡大师进藏传法。"于是，1036年，江曲沃去天竺迎请阿底峡及二十四名弟子进藏，居托林寺，托林寺因而名声大振。古格王国灭亡后，托林寺属格鲁派。

|象泉河|

[英雄格萨尔的踪迹]

格萨尔是藏族长篇英雄史诗《格萨尔王传》里的主人公。藏族人民传说，在藏区各地的山山水水遍布他的踪迹，留下了无数的故事。

象泉河畔马蹄印

扎达县境内象泉河铁索桥旁的石头上，有两个深深的马蹄印，传说是格萨尔大王的赤兔马留下的。很久以前，阿里国七位魔臣反叛国王达娃顿珠，专崇魔教，把天国一样的地方闹得无法安宁。格萨尔大王决定征服七魔臣。他带兵来到象泉河边，准备连夜渡河，进击敌人。七魔臣倚仗象泉河河宽水急，在铁索桥另一端布置重兵。格萨尔的士兵刚踏上铁索桥，魔兵就万箭齐发，连续击退了格萨尔士兵的几番攻打。格萨尔大怒，天刚亮，他骑上朱砂斑斑的赤兔马，身背知心宝弓，手执朱砂宝剑，大吼一声："七个魔妖死期已到！"便纵马跃过象泉河。马蹄踏在铁索桥旁的石头上，发出巨大的响声，留

《格萨尔王传·世界公桑之部》插图

下两个蹄印。魔兵胆战心惊,仓皇逃窜。格萨尔和士兵冲进敌阵,左砍右杀,把七魔臣和魔兵杀得大败。石上蹄印今清晰可见。

白玛草塘放马场

墨竹工卡县甲玛中部,有个水美草肥的天然牧场,叫白玛草塘。传说,当年格萨尔大王率兵马远征霍尔国,曾在此休息。那天晚上,格萨尔与士兵在草塘上铺开长垫,喝起青稞酒来。大家边喝边唱,把格萨尔的酒兴推到高潮。他把喝酒的银碗扣在草坪上,正要让将士中酒歌唱得最好的歌手扎西再唱一个,却因突然发现敌情而匆匆离席和将领们商议战事去了。次日清早,他猛地想起银碗还扣在草坪上,跑去一看,银碗已翻了个儿。难道是被猛长的草芽顶翻了?他又把碗倒扣在地,第三天早上来看还是如此。他知道了这里的青草长得很快,是个好牧场。从此,白玛草塘就成了格萨尔的放马场。

羌雄沟里拴日柱

索县热即乡羌雄沟的山隘之中,绿草如茵,岩奇石怪。怪石之中,有一石台,上有方格,形如棋盘。石台附近有一石柱,突兀于

藏族布画《格萨尔王》

乱石之中，藏语名为"尼玛多普尔"，意为拴太阳的橛子。人们传说，这石台是格萨尔与七魔女对弈的棋盘，这石柱是格萨尔拴日以延长白天的柱子。

相传，格萨尔征战之余，与七魔女掷骰玩耍。七魔女都是掷骰高手，格萨尔输了第一局。他欲反败为胜，见夕阳西沉，便将它拴在石柱上，继续掷骰，不料又输。格萨尔无计可施，改为弈棋。他画棋盘于一石台上，与七魔女对弈。一个人哪是七个人的对手，格萨尔眼看又要输。他急中生智，突然指着前方石上两只小鸟说："你们看，那鸟多美！"于是乘七魔女回头看鸟之机，迅速取走对方关键一子，终于在天黑前获胜。

|冈仁波齐峰|

[神山圣宫　斗士比武]

《大藏经·俱舍论》载，从印度往北过九座山，有大雪山，雪山下有四大江水之源。雪山，梵语为"底斯"，人们认为此大雪山即冈底斯山，它的主峰即冈仁波齐峰（藏语"宝贝雪山"），四大江水之源也即冈仁波齐峰和玛旁雍错湖。它们同为佛教圣地，每年吸引国内外大量香客。

冈仁波齐峰坐落在普兰县境内，海拔6714米，峰顶直插云霄，四季覆盖冰雪，周围群峰环绕，四面建有寺院。据《冈底斯山海志》载，著名的佛尊杰尊·达孜瓦曾这样描绘冈仁波齐峰的景观：冈仁波齐峰如同橄榄，直插云霄；峰南朵朵白云似磕头朝拜，峰顶七彩圆冠如帽，山身似水晶砌成，颈项上清泉如仙乐般动听。傍晚落日斜照，山峰犹如披上彩绸；正午日光正射，山峰就像套上彩裙。前面明净的玛旁雍错似巨镜映照，周围大小雪峰如婀娜少女顶礼。阿里地区马、狮、象、孔雀四大河流从冈仁波齐峰四方流下，那是天上密宗本尊肆鲁迦之宫——胜乐轮宫为人类洒下的甘泉。经过佛尊描绘，中外佛门弟子便把冈仁波齐峰当作神山，把玛旁雍错视为圣湖，每年都有成千上万的国内外虔诚信徒来此朝拜。

冈仁波齐峰

《冈底斯山海志》还称,主峰冈仁波齐峰顶上有胜乐轮宫,为胜乐大尊的圣地。传说以前雪山为各种魔怪所占,胜乐大尊降除了这些魔怪,占据了雪山(密宗说法)。宫下有五百罗汉穴居于山腰修行,为"出支罗汉"的圣地(显宗说法)。山腰之下又有无数慧空行母侍候佛祖,管理宫殿。数百年前,孟加拉僧人阿底夏进入西藏传教,路过山脚,正估算时辰,似乎听到山上有敲钟擂鼓的声音。他判断此时五百罗汉正休息吃饭,于是觉得自己也该休息进餐了。以后,凡到冈底斯山来朝拜的人,有福气的就可听到檀木板敲击的声音。

当地还流传着关于噶举派大师米拉日巴的传说。米拉日巴(1040

神山

—1123),生于阿里贡塘,信佛教。他听说山南洛扎有位功高道深的大师叫马尔巴(噶举派始祖),就跋山涉水到洛扎拜其为师。在这里他做了六年八个月的苦役,终于得到马尔巴信任,得以传法。米拉日巴得道后隐居在冈底斯山洞穴中,专心修行,以纪事诗的形式对弟子口授道法。弟子惹穷巴记录下来,即"米拉日巴道歌"。一天,山里来了个信本教的年轻人叫纳若奔琼。他自恃有神变的法力,要和米拉日巴斗法争当冈底斯山的主人。他们先比背经,两人连背三天三夜,不分胜负。接着辩论三百六十种襀被法、八万四千种观察法、四歌赞法、八祈祷法、三百六十种超荐亡灵法、八十一种镇邪法……又是三天三夜,未见高低。再比武功,双方面对面站定,同时击掌,"啪"地一声,两掌合在一起,无法分开。两人暗运内功,经手心向对方攻击，只听"啪嚓"一声，整个石坎崩塌，还是难分输赢。纳若奔琼又提出在十五黄道吉日比赛登山，先登顶者为神山之王。十五那天，纳若奔琼一早就腰别皮鼓，向山顶奔去；米拉日巴却照常给弟子讲经，直到日上三竿才扇动袈裟扶摇上山，登顶后看时间还早，就打坐诵经。过了好一会儿，纳若奔琼才精疲力竭地爬上来。他一见米拉日巴早已在此等候，羞愧难当，两脚一软，连人带鼓滚下山去。现在冈仁波齐峰还留有一道深深的山沟，山脚巨石上有人与鼓掉下砸出的窝痕。纳若奔琼甘拜下风，要拜米拉日巴为师，在山里修行。米拉日巴在巨石旁指一洞让其修行。此洞仍在，巨石则成为朝圣者必踏之地。久而久之，巨石上留下很多足迹。人们又传说，这些足迹是佛尊、慧空行母引路留下的足迹。并说，围圣迹绕山一转可洗尽生罪孽，转十圈可在五百轮回中避免下地狱之苦，转百圈便可成佛升天。

瑶池圣水

[峰湖之恋]

玛旁雍错位于普兰县境内，马泉河西北，冈仁波齐峰东南30公里处，是世界上海拔最高的淡水湖之一。唐代高僧玄奘所写的《大唐西域记》称之为"西天瑶池"。湖四面有众多寺院。

据古经书记载和佛教徒传说，玛旁雍错是世界上"圣湖"之王。湖水由冈底斯山冰雪融化而来，清澈碧透，可看到五丈以下鱼群。佛教徒认为，这是佛祖赐给人类的"圣水"，它能洗掉人们心灵上的"五毒"（贪、嗔、痴、怠、嫉），清除肌肤上的污秽，并能延年益寿。因而每年夏秋之间，都有许多信徒来此沐浴，取"圣水"。湖的四边有四个洗浴门，东为"莲花浴门"，南为"香甜浴门"，西为"去污浴门"，北为"信仰浴门"。前来朝拜的善男信女如能绕湖一圈，浴遍四门，就能消除罪过，得到福德。

圣湖中，有广财龙王的龙宫，龙宫里有无数财宝。来此绕湖一周所拣的一条小鱼、一粒石子，甚至鸥鸟一羽，都是广财龙王的赏

圣水

赐，预示以后财源不尽。九百年前，这里还以广财龙王名字命名，叫"玛垂错"。11世纪，白教（佛教噶举派）战胜黑教（本教）后，佛教徒才把它改成"玛旁雍错"，意为"永远不败之湖"，以纪念这场胜利。

据说很久以前，有个心地善良的王子。一天，他在老臣陪同下游览，路上见到许多人病老残死、忍饥受冻的痛苦景象。王子很难过，就问老臣："我怎样才能解除他们的痛苦？"老臣说："可以给他们布施。"于是王子许诺给这些百姓布施十二年。他供给百姓吃的、用的，把每天洗米的水都倒在一个盆地里，日子久了，就形成了玛旁雍错。

普兰县境内、喜马拉雅山系中，有座海拔7128米的雪峰——纳木娜尼峰。它常年云遮雾掩、银装素裹，很像一位身披纱裙的女子，并与冈底斯山系的冈仁波齐峰隔着巴嘎尔大草原和玛旁雍错遥遥相望。它们之间有一个古老的传说。

数万年前，喜马拉雅山系和冈底斯山系是两个很有名望的家族。纳木娜尼峰是喜马拉雅山系中美丽出众的女子。一天，她赶着羊群在巴嘎尔大草原放牧，很晚才回家。月光下，传来一阵笛声和歌声："冰清玉洁纳木娜尼，你是一位善良温柔的仙女，你比孔雀还要美丽……"歌声中，走出强壮的冈仁波齐。纳木娜尼认定，他就是自己久久期待的人。第二年，他俩结了婚。后来，在巴嘎尔大草原赛马会上，冈仁波齐夺得桂冠时，被一双动人的眼睛迷住了。他去寻找时，那双眼睛却不见了。一个黄昏，他独自坐在湖边伤情，湖水中映出那双令他梦魂萦绕的眼睛。接着，一个美丽的姑娘靠过来，他们慢慢地融合在一起。这个女子叫玛旁雍，是特提斯海龙王之女。从此，他们每晚相会。纳木娜尼发现了丈夫的秘密，痛苦极了，决定回到自己的喜马拉雅家族去。但若黎明前走不出大草原，黎明神就会把她点化成一座山。她明知危险，却因对丈夫的怀念，走一步回头望一眼。天亮了，她四肢僵硬，身体凝固，变成一座冰雪覆盖的山峰。冈仁波齐不见了妻子，急忙寻找，也变成了一座山。玛旁雍则变成湖，位于两峰之间。她仍不断地以媚眼来挑逗冈仁波齐，但冈仁波齐再也不理她，只是目不转睛地凝视着远处的纳木娜尼。

另外，冈仁波齐峰一带还有关于孔雀河、马泉河、狮泉河、象泉河的传说。

远古时，冈仁波齐峰生活着一只孔雀、一匹马、一头狮子、一头象，它们常在一起谈天说地。一天，它们争论起来。孔雀说："从冈仁波齐峰到大海需要翻越九十九座大山。"象说："只要翻八十八座大山。"狮子说："小时候我爸爸告诉我，只要翻七十七座大山。"马说："都不对，我们的祖先早就证明只要翻六十六座大山。"四个朋友各持己见，互不相让。冈仁波齐就给他们出主意，干脆走一趟，就知道答案了。四个朋友决定试一试。冈仁波齐让四条小溪分别跟着它们走，并分别在泉头用石块垒起孔雀、马、狮子、象的形象。它

生命

　　们选择了不同的路线,带着小溪向大海奔去,就形成了孔雀河、马泉河、狮泉河、象泉河,分别为恒河、雅鲁藏布江、印度河、萨特累季河源头。

　　据说,现在还能在四条河的源头找到像孔雀、马、狮子和象的石头呢!